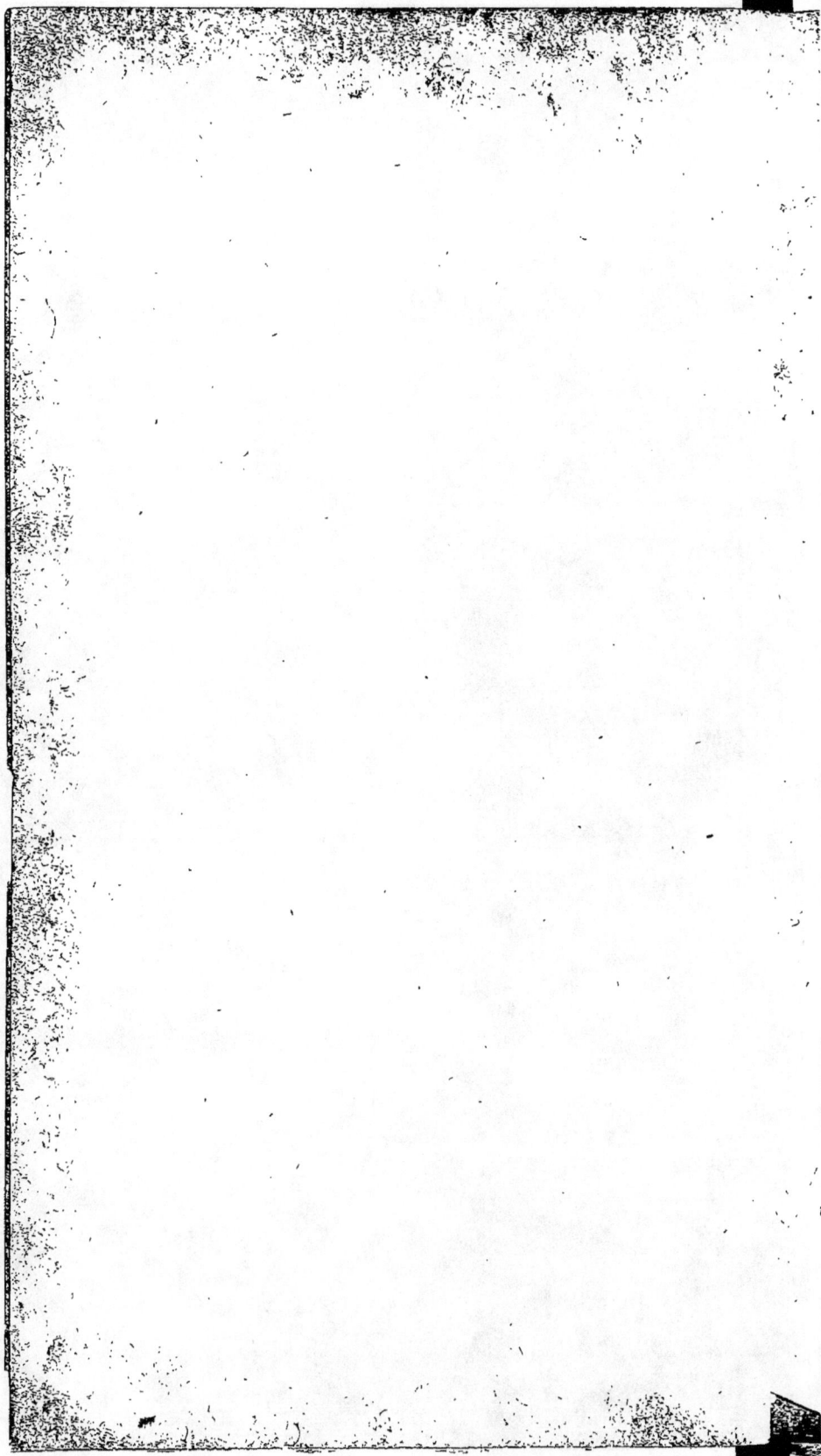

RECUEIL

DE CANTIQUES

SPIRITUELS,

Choisis spécialement pour l'usage des Écoles Chrétiennes.

A ROUEN,

De l'Imp. de Veuve LAURENT DUMESNIL,
rue Neuve S. Lo, vis-à-vis le Prieuré.

M. DCC. LXXXVIII.

Avec Approbation & Permission.

NOTA. *Tous les Cantiques marqués d'une étoile peuvent se chanter sur les airs suivants.*

1° Afin d'être docile & sage. *
2° Tu croyois en aimant Colette.
3° Je vais te voir, charmante Lise.
4° Il faut attendre avec patience.
5° O douce amie ! ô ma tant belle !
  (Ces trois airs demandent huit vers aux Cantiques.)
6° Je vous aime & j'ose le dire.
7° Réveillez-vous.
8° Quels accords ! quels concerts !

Ceux marqués de deux étoiles se chantent sur les airs suivants.

1° Des Folies d'Espagne. * *
2° Je vous salue, Auguste.
3° Si je pouvois chanter avec.
4° Reviens, pécheur.
5° Suivons l'Amour.
6° Dans nos Hameaux.
(Celui-ci demande deux versets de quatre vers.)

Ceux marqués de trois étoiles se chantent sur les airs ci-dessous.

1° Que ne suis-je la Fougere. * * *
2° Jusques dans la moindre chose.
3° Air sur la mort de la Reine de Hongrie.
4° L'Amant frivole & volage.
5° Des Favoris de la Gloire.
6° Musette de Desmarais.
7° Au sang qu'un Dieu va répandre.

CANTIQUES
SPIRITUELS

Sur les principaux Points de la Religion & de
la Morale Chrétienne.

---

*Pour demander l'affiſtance du Saint Eſprit avant
le Catéchiſme.*

POUR LE LUNDI.

Enez, venez, Eſprit-Saint, dans nos
cœurs,
Enflammez-les de vos ſaintes ardeurs,
Afin qu'étant remplis de votre amour,
Nous méritions le céleſte ſéjour.

2. Eſprit Divin, Eſprit de vérité,
Eclairez-nous dans notre obſcurité;
Que votre amour nous faſſe pratiquer
Les vérités qu'on va nous enſeigner.

POUR LE MARDI.

Sur l'Air : *Préparons-nous.*

1. E Sprit divin, deſcendez ſur la terre,
Verſez dans nos cœurs la lumiere,
Afin que nous croyons toutes les vérités,
Que maintenant on va nous enſeigner.

2. Pour écouter avec fruit la Doctrine,
Il faut que nos cœurs ſoient dociles :

A 2

Mais ce n'est pas assez que nous ayons la foi,
Il faut de plus pratiquer ce qu'on croit.

POUR LE MERCREDI.

Sur l'Air : Objet de ma nouvelle flamme.

1. ESprit Divin, Dieu des lumieres,
Eclairez-nous dans notre obscurité ;
Faites que d'une foi sincere,
Nous croyons (*bis*) nous croyons avec fermeté.
2. Mais ce n'est pas assez de croire
Les vérités qu'on va nous enseigner ;
Esprit-Saint, donnez-nous la grace
& l'amour (*bis*) pour le pratiquer.

POUR LE JEUDI.

*Sur l'Air : ***

1. A Votre Ecole, Divin Maître,
Nous venons ici nous former ;
Apprenez-nous à vous connoître,
A vous servir, à vous aimer.
2. Seigneur, qu'attentif & tranquille
Mon esprit s'ouvre à votre voix ;
Et que mon cœur, toujours docile,
Cherche & pratique votre Loi.

POUR LE VENDREDI.

Sur l'Air : Je vous salue, ô Mere de mon Dieu !

1. ESprit Divin, Pere de nos esprits,
Qui dans notre ame avez peint votre image ;
Divin amour, dont nos cœurs sont épris,
Venez vous-même animer votre ouvrage.
2. Accordez-nous, Esprit de charité,
De vous connoître, & le Fils, & le Pere,
Et de pouvoir, durant l'éternité,
Et dans le tems, adorer ce Mystere.

POUR LE SAMEDI.

Sur l'Air : *

1. AFin d'être docile & sage,
Seigneur, donnez-moi votre Esprit,
Pour apprendre, selon mon âge,
Les vérités de Jésus-Christ.
2. Esprit-Saint, faites-moi comprendre
Ce que vous m'allez expliquer ;
Mais en me le faisant apprendre
Faites-le moi bien pratiquer.

Autre pour le même jour.

JE vous salue, Marie, du Saint-Esprit choisie :
Vous êtes de graces remplie,
Et le Seigneur est avec vous :
Vous êtes par-dessus toutes femmes bénie,
Et le bienheureux Fruit qui prit de vous la vie,
Soit à jamais béni de tous.
2. Sainte Vierge-Marie, incomparable Mere
D'un Fils qui n'a que Dieu pour Pere,
Et qui s'est fait notre Sauveur,
Priez présentement & à l'heure derniere,
Quand nous ne pourrons plus vous offrir nos prieres,
Priez pour nous pauvres pécheurs.

POUR LE DIMANCHE.

Dialogue de Jésus & d'un Enfant, sur la Doctrine Chrétienne.

Jésus.

MOn fils, pour apprendre
Le vrai chemin du Paradis,
Venez pour entendre * Ce que je dis :
C'est une Doctrine
Où je prétends vous enseigner
Ma loi divine * Pour vous sauver.

A 3

L'Enfant.

Sauveur débonnaire,
Docteur de toure vérité,
On ne peut vous plaire * Sans charité:
Notre cœur s'empresse
A bien apprendre à vous aimer,
Et veut sans cesse * Vous écouter.

Jesus.

Ma sainte parole
Demande un cœur humble & soumis:
Pour l'esprit frivole * J'ai du mépris:
Un enfant bien sage
Chérira mes enseignements,
Et le volage, * Ses passe-temps.

L'Enfant.

Faites-nous la grace,
Pour profiter de vos bontés,
Que notre cœur fasse * Vos volontés:
A votre Doctrine
Nous irons tous avec ferveur:
C'est l'origine * Du vrai bonheur.

Priere avant le Catéchisme.

Sur l'Air: Entendrons nous chanter toujours.

1. Esprit-Saint, Dieu de vérité,
Exaucez nos prieres:
Ouvrez nos yeux à la clarté
Des traits de vos lumieres:
Divin Esprit, instruisez-nous,
Et tournez notre cœur vers vous.

2. Daignez de ces tendres Enfants
Rendre l'esprit docile:
Formez leurs jours encore naissants
Au joug de l'Evangile:
Faites sur eux tomber vos dons:

Faites leur goûter vos leçons.

3. Gravez en eux, de votre Loi,
Et l'amour & la crainte ;
Que dans leur cœur la vive foi
Ne soit jamais éteinte ;
Que son flambeau, jusqu'au trépas,
Eclaire & conduise leurs pas.

4. Venez, Esprit de charité,
Vous fixer dans nos ames ;
Allumez-y l'activité
De vos célestes flammes :
Esprit d'amour, venez dans nous,
Nous apprendre à n'aimer que vous.

Exhortation à la Jeunesse.

Sur l'Air : Ne m'entendez-vous pas ?

1. A Chercher le Seigneur, * Que votre cœur s'empresse ;
Montrez, chere jeunesse,
Montrez tous votre ardeur, * A chercher le Seigneur.

2. Lui seul doit vous charmer ; * Il est le bien suprême ;
Il vous aime lui-même, * Ne faut-il pas l'aimer ?
Lui seul doit vous charmer.

3. D'un jeune & tendre cœur,
O qu'il aime l'offrande ! * A tous il la demande ;
Lui seul fait le bonheur, * D'un jeune & tendre cœur.

4. O que son joug est doux ! * Non, il n'a rien de rude ;
Une sainte habitude, * Le rend charmant pour nous :
O que son joug est doux !

5. Commencez dès ce jour,
D'aimer un si bon Pere ; * Souvent pour qui differe,
Il n'est plus de retour ; * Commencez dès ce jour.

6. Pour le bien & le mal, * L'on est dans la vieillesse,
Tel que dans la jeunesse, * L'on suit un train égal :
Pour le bien ou le mal.

7. Fuyez les vains plaisirs,
Que le monde présente ; * Qu'une vie innocente
Fixe tous vos désirs : * Fuyez les vains plaisirs.

8. Aimez la pureté ; * Quel bien plus estimable ?
Rien n'est plus agréable

Au Dieu de sainteté ; * Aimez la pureté.

9. Les enfants sans pudeur, * Qui n'aiment que le vice,
Inspirent leur malice : * Fuyez avec horreur
Les enfants sans pudeur.

10. Pour bien régler vos mœurs
Méditez la Loi sainte, * Ah! qu'elle soit empreinte,
Dans le fond de vos cœurs,
Pour bien régler vos mœurs.

11. O Dieu plein de bonté,
Garantissez sans cesse, * Cette tendre jeunesse
De toute iniquité : * O Dieu plein de bonté.

12. Régnez seul dans leur cœur,
Soyez seul leur partage, * Et qu'en croissant en âge
Ils croissent en ferveur : * Régnez seul dans leur cœur.

De l'Ange Gardien.
Sur l'Air :

1. MOn cher Ange, je vous salue ;
Je vous crois présent en ce lieu :
Ne souffrez pas qu'à votre vue,
J'ose jamais offenser Dieu,
Vous désirez plus que moi-même,
Que je parvienne au vrai bonheur,
Comme si mon malheur extrême,
Devoit être votre malheur.

2. Jour & nuit vous veillez sans cesse,
A garder mon ame & mon corps,
Quand la tentation me presse,
Vous redoublez tous vos efforts.
Vous êtes l'Etoile polaire,
Qui me dirige vers ma fin :
Et comme un Guide salutaire,
Vous m'y conduisez par la main.

3. Je vais par Jésus à son Pere,
Je vais par Marie à Jésus ;
Mais après Jésus & sa Mere,
C'est vous de qui je reçois plus,
Vous m'éclairez par vos lumieres,
Dans le droit chemin du salut ;
Et vous m'aidez par vos prieres.

Pour me faire arriver au but.

4. Avec un zele tout de flamme,
Etant toujours à mon côté ;
Vous faites bien voir que mon ame,
Est d'une haute dignité.
Soit que je dorme, ou que je veille,
En tous les tems, en tous les lieux,
Jamais votre amour ne sommeille ;
Jamais je n'échappe à vos yeux.

5. Soit que je vive, ou que je meure,
Jamais vous ne me quitterez :
Mais sur-tout à ma derniere heure,
Plus que jamais vous m'aiderez.
Cher Ange, je vous remercie,
De tant de soins & de secours ;
Continuez-les, je vous prie,
Pendant le reste de mes jours.

6. Faites que pour votre présence,
Je sois toujours plein de respect ;
Plein d'amour & de confiance,
Par-tout modeste & circonspect.
Offrez au Seigneur mes prieres,
Inspirez-mo', guidez mes pas ;
Supportez-moi dans mes miseres,
Soutenez-moi dans mes combats.

Sur le Nom du Chrétien.

Sur l'Air : *Un peu de tout.*

1. JE suis Chrétien,
Sans avoir mérité de l'être ;
Je suis Chrétien,
Sans que j'eusse fait aucun bien ;
Du Seigneur, mon souverain Maître,
La grace m'ayant fait renaître,
Je suis Chrétien.

2. Etre Chrétien
Est la seule gloire où j'aspire,
Etre Chrétien,
Sans ce titre l'homme n'est rien.

Quoi que le monde puisse dire,
Jusqu'au dernier jour je désire
    Etre Chrétien.

    3. Nom de Chrétien,
Pour jouir d'un bonheur suprème ;
    Nom de Chrétien,
Tu me procure le moyen ;
Tu m'éleves jusqu'à Dieu même :
Ah ! quels motifs pour que je t'aime,
    Nom de Chrétien !

    4. Auguste Nom,
Je te dois le plus juste hommage,
    Auguste Nom,
Sans toi je serois au démon :
Malgré les efforts de sa rage,
Du Ciel tu me rends l'héritage,
    Auguste Nom.

    5. Un si beau Nom,
(Monde en as-tu de cette espece ?)
    Un si beau Nom,
De la grace est le premier don :
Voilà mon titre de noblesse,
Et je veux conserver sans cesse
    Un si beau Nom.

    6. Un vrai Chrétien,
Seigneur, doit être votre Image,
    Un vrai Chrétien
Doit fuir le mal, faire le bien,
Croire en Dieu l'aimer sans partage ;
Tels sont les devoirs où s'engage
    Un vrai Chrétien.

    7. Divin Sauveur,
A vous tout entier je me livre,
    Divin Sauveur,
Régnez sans cesse sur mon cœur,
Ce sont vos loix que je veux suivre ;
C'est pour vous seul que je veux vivre,
    Divin Sauveur.

Sur le Signe de la Croix.

Sur l'Air : * * *

1. AVec respect, amour, & confiance,
Faisons souvent le signe de la Croix :
Pour obtenir du Seigneur l'assistance,
Cette pratique a les plus puissants droits.

2. Mais en formant ce signe salutaire,
Imprimons bien dans notre souvenir,
L'amour d'un Dieu qui pour nous au Calvaire,
Sur une Croix a bien voulu mourir.

3. Dans les combats que le démon nous livre,
Si nous usons de ce glaive sacré ;
De sa fureur le Seigneur nous délivre,
Et l'ennemi s'enfuit épouvanté.

4. Quand des plaisirs l'amorce dangereuse,
Nous sollicite à suivre nos penchants ;
Ce signe rend notre ame généreuse,
Et du péril nous sortons triomphants.

5. Dans nos travaux, dans tous nos exercices,
Usons encore de ce puissant secours ;
Pour la vertu comme contre les vices,
Un bon Chrétien y doit avoir recours.

Sur la Sanctification du Dimanche.

Sur l'Air : * *

1. LE Dimanche est pour rendre notre hommage,
Au saint repos où Dieu voulut entrer,
Lorsque du monde ayant fini l'ouvrage,
Après six jours il cessa de créer.

2. De ce repos le nôtre est une image,
On peut le prendre après de vrais travaux ;
Mais pour le faire avec quelque avantage,
Cessons, cessons d'y mêler nos défauts.

3. Ce même jour rappelle la mémoire,
De ce moment glorieux & si beau,
Où le Sauveur, pour entrer dans sa gloire,
Par sa vertu sortit du tombeau.

4. Pour célébrer dignement la conquête,
Qu'il fit alors fur l'Enfer & la mort,
Que ce jour foit pour nous un jour de fête,
Paffons-le tous à bénir ce Dieu fort.

5. Ces jours jadis étoient Fêtes Chrétiennes,
On imitoit ce que l'on adoroit :
Mais à préfent ce font Fêtes Païennes,
L'on n'y fait rien de ce que l'on devroit.

6. Ce ne font plus ces faintes affemblées,
Où l'on venoit bénir le Saint des Saints ;
On n'y voit plus que troupes ramaffées,
D'Hommes méchants, indévots, libertins.

7. Fuyez, Chrétiens, ces dangereux exemples,
Souvenez-vous du nom que vous portez :
De l'Efprit-Saint vous êtes les vrais Temples,
Honorez-le, méritez fes bontés.

8. Au Catéchifme où l'on cherche à déduire,
Ce qu'un Chrétien doit connoître & favoir,
Avec ardeur accourez vous inftruire :
Voilà, voilà votre premier devoir.

9. Quand vous voyez que les pécheurs s'uniffent,
Aux cabarets, aux fpectacles, aux jeux,
Qu'ils jurent Dieu, l'outragent, le maudiffent,
Pour le louer, venez tous aux faints Lieux.

10. Si c'eft un mal de faire une œuvre utile,
En ces faints jours, qu'eft-ce donc qu'y pécher ?
Ah ! quel abus, quelle œuvre plus fervile,
Que les paffer à boire & à danfer !

Sur les avantages de fréquenter fa Paroiffe.

Sur l'Air : *

1. CHaque Dimanche allez entendre
Le Prône de votre Pafteur :
En ce jour vous devez vous rendre
A la Paroiffe avec ardeur.

2. Qu'à la fienne chacun s'attache ;
Que tous y répandent leurs cœurs.
Dans ces lieux Dieu donne la grace
Que fouvent il refufe ailleurs.

3. Ailleurs

3. Ailleurs on affiste à la Meffe,
Ailleurs auffi l'on eft inftruit :
Mais il faut que chacun confeffe
Que c'eft avec bien moins de fruit.

4. D'un Pafteur zélé qui nous preffe,
Le difcours & l'inftruction,
Avec moins de délicateffe,
A plus de bénédiction.

5. Mais, dit-on, on a de la peine,
Pendant fix jours il faut pâtir :
N'eft-il pas jufte que l'on prenne
Un feul jour pour fe divertir,

6. Ah ! Chrétien, quel eft ce langage !
Dites plutôt : je n'ai qu'un jour
Pour offrir à Dieu mon hommage :
Puis-je le perdre fans retour ?

7. Vous travaillez une femaine
Pour votre corps & fes befoins ;
Votre ame, hélas ! vaut bien la peine
D'occuper un jour tous vos foins.

8. Employez au divin Service
Tous les moments d'un fi grand jour ;
Affiftez au faint Sacrifice,
Avec refpect, avec amour.

9. Recueillez la manne célefte,
Qui feule peut vous foutenir ;
Le moindre péril eft funefte,
Quand on ne veut point s'en nourrir.

La Fête de tous les Saints.

Sur l'Air : *Tranquilles cœurs, préparez-vous.*

1. AMis de Dieu, Saints immortels,
Conquérants du célefte empire,
Qu'on revère fur nos Autels,
Et que toute l'Eglife admire ;
Ecoutez nos foupirs, fur nous du haut des Cieux,
Daignez jetter les yeux. (*bis.*)

2. Les fiers Démons de toutes parts,
Nous attaquent avec furie ;

B

Au milieu de tant de hafards,
Comment vaincre dans cette vie?
Si par un prompt fecours, défarmant les Enfers
Vous ne brifez nos fers. (*bis.*)

3. Vierges, Martyrs, & Confeffeurs,
Vous êtes l'exemple des hommes,
Soyez auffi leurs Protecteurs;
Vous qui fûtes ce que nous fommes,
Faites que dans la gloire, un jour nous puiffions tous
Etre heureux comme vous. (*bis.*)

4. De tant de généreux Soldats,
Chantons les exploits, les conquêtes,
Honorons leurs fanglants combats;
Et pour bien célébrer leurs Fêtes,
Combattons à l'envi comme ils ont combattu:
Imitons leurs vertus. (*bis.*)

Complaintes des Ames du Purgatoire.

1. MOrtels, écoutez vos freres,
Vos amis, vos chers parents,
Et jugez de nos miferes * Par nos lugubres accents;
Hélas! hélas! ne nous abandonnez pas.

2. Mille légeres fouillures,
Nous retiennent dans ces feux,
Tandis que les ames pures
Prennent leur vol vers des Cieux.
Hélas! &c.

3. A nos maux foyez fenfibles,
Gémiffez foir & matin; * Verfez fur ces feux horribles,
Le fang de l'Agneau Divin. * Hélas! &c.

4. Vos foupirs, vos vœux, vos larmes
Offerts au Seigneur pour nous,
Seront de puiffantes armes,
Pour appaifer fon courroux. * Hélas! &c.

5. Hâtez-vous, brifez nos chaînes,
Des feux faites-nous fortir,
Nous faurons des mêmes peines
Quelque jour vous garantir. * Hélas! &c.

La Mort des Justes.

Sur l'Air : *On dit que vos Parents.*

1. APrès le cours-heureux d'une vie innocente,
Le sort qui la finit n'est point un triste sort;
Notre bonheur s'augmente,
En approchant du port;
On voit sans épouvante la mort.

2. Tout ce qu'elle a d'affreux ne sauroit nous surprendre,
Sans alarmer nos cœurs, elle est devant nos yeux;
Nous ne pouvons prétendre
De bonheur en ces lieux :
La mort nous fait attendre, les Cieux.

3. Nous sommes ici-bas, dans un séjour de larmes,
Le jour qui les tarit est un jour plein d'attraits;
Qu'il a pour nous de charmes !
Il comble nos souhaits;
On goûte sans alarme, la paix.

4. Ce favorable jour termine notre peine,
On dit aux soins fâcheux un éternel adieu;
La mort brise la chaîne
Qui nous tient en ce lieu :
C'est elle qui nous mène, vers Dieu.

5. Nous ne voyons ici que la nuit la plus sombre,
Mais la clarté du Ciel succede à cette nuit;
S'il y a des biens sans nombre,
La mort nous y conduit :
Le monde n'est qu'une ombre, qui fuit.

Sur le Pater & l'Ave Maria.

Sur l'Air : *Dieu de bonté.*

1. PEre éternel, qu'on vous loue en tous lieux,
Etablissez dans nos cœurs votre empire,
Soyez en terre obéi comme aux Cieux,
Nourrissez-nous, vous par qui tout respire.

2. Pardonnez-nous comme nous pardonnons,
Préservez-nous du Démon qui nous tente,

Délivrez-nous du mal que nous craignons,
Et que l'effet réponde à notre attente.

3. Je vous salue, ô Mere de mon Dieu!
Vierge bénite entre toutes les femmes;
Que bénit soit en tout temps, en tout lieu,
Votre saint Fils, le Sauveur de nos ames.

4. Protégez-nous parmi tous nos malheurs,
Mere du Verbe, ô divine Marie!
Dès maintenant priez pour les pécheurs,
Mais plus encore à la fin de leur vie.

---

5. Heureux Joseph dont l'emploi glorieux
Fût de servir à Jesus-Christ de Pere,
Très-chaste époux de la Reine des Cieux,
Priez pour nous & le Fils & la Mere.

6. Ange de Dieu, qui voyez mes besoins,
Qui jour & nuit veillez pour me conduire,
Assistez-moi de vos fideles soins;
Daignez toujours me régir & m'instruire.

Consécration sous la protection de la très-sainte Vierge.

Sur l'Air : * *

1. MEre de Dieu, aimable souveraine,
Vous qui voyez à vos pieds tous les Rois;
Je vous choisis aujourd'hui pour ma Reine,
Et me soumets pour toujours à vos loix.

2. Je mets ma gloire à vous marquer mon zèle,
A vous aimer, à vous faire servir:
Ah! si mon cœur devoit être infidèle,
J'aimerois mieux dès-à-présent mourir.

3. Protégez-moi, puissante Souveraine,
Protégez-moi jusqu'au dernier soupir;
De tout l'Enfer je vais braver la haine,
Si vous daignez toujours me soutenir.

4. Vierge sans tache, admirable Marie,
Je veux par-tout publier vos grandeurs;
Et m'employer le reste de ma vie,
A vous servir & vous gagner des cœurs.

5. Ah ! quel plaisir, quel charme pour mon ame,
De vous aimer, & de penser à vous !
Après l'amour qui pour Jesus m'enflamme,
Votre amour est des amours le plus doux.

6. Oui, quand je pense, ô Vierge sans pareille !
Qu'un Dieu veut naître & vous devoir le jour ;
Mon cœur surpris d'une telle merveille,
Se sent pour vous tout embrasé d'amour.

7. Que mon bonheur me paroît estimable !
Après Jesus, vous serez mon appui,
Et vous tiendrez, ô Mere toute aimable !
Le premier rang dans mon cœur après lui.

8. Vous en serez toujours seule la Reine,
Et votre Fils en sera seul le Roi ;
Lui souverain, vous, sous lui, souveraine,
Tous deux ensemble y donnerez la loi.

9. Contre moi seul que tout l'Enfer conspire ;
Je ne crains rien de sa vaine fureur :
Un cœur soumis à votre aimable empire,
Ne peut tomber dans l'éternel malheur.

Sur le Symbole des Apôtres.

Sur l'Air : *Pere Eternel, qu'on vous loue en tout lieu.*

1. JE crois en Dieu, le Pere tout puissant,
Le Dieu du Ciel, de la terre & de l'onde,
Qui d'un seul mot a tiré du néant,
Et le visible & l'invisible monde.

2. D'un cœur soumis je crois en Jesus-Christ,
Verbe fait chair, Fils unique du Pere,
Notre Seigneur, conçu du Saint Esprit,
Et dans le temps né d'une Vierge Mere.

3. Après cent maux sous Pilate soufferts,
De son amour il consomme l'ouvrage ;
Il meurt en Croix, & descend aux Enfers,
Pour délivrer les Justes d'esclavage.

4. Trois jours après qu'on l'a mis au tombeau,
Le Dieu vainqueur en sort & ressuscite ;
Il monte au Ciel & viendra de nouveau,
Nous juger tous selon notre mérite.

B 3

5. Ainsi qu'au Fils, je crois au Saint Esprit ,
Je crois la Sainte & Catholique Eglise ;
Et qu'en vertu du sang de Jésus-Christ ,
Au pénitent toute offense est remise.
    6. Je crois les Saints & la Communion ,
Qui dans tous lieux les unit & les lie ;
Je crois des morts la résurrection ,
Enfin la mort & l'éternelle vie.

Cantique pour le temps de l'Avent, sur le Jugement dernier.

Sur l'Air : *Partez, puisque Mars vous l'ordonne.*

1. Dieu va déployer sa puissance,
    Le temps, comme un songe, s'enfuit :
Les siecles sont passés, l'éternité commence ;
Le monde va rentrer dans l'horreur de la nuit.
Dieu va, &c.
    2. J'entends la trompette effrayante ;
Quel bruit ! & quels lugubres airs !
Le Seigneur a lancé la foudre étincelante ,
Et ses feux dévorants embrâsent l'univers,
J'entends , &c.
    3. Les monts foudroyés se renversent ,
Les êtres sont tous confondus ,
La mer ouvre son sein , les ondes se dispersent ;
Tout est dans le cahos , & la terre n'est plus.
Les monts , &c.
    4. Sortez du tombeau , ô poussiere !
Dépouilles des pâles humains ,
Le Seigneur vous appelle ; il vous rend la lumiere
Il va sonder les cœurs , & fixer vos destins.
Sortez , &c.
    5. Il vient.... tout est dans le silence ,
Sa Croix porte au loin la terreur ;
Le pécheur consterné , frémit à sa présence ,
Et le juste lui-même est saisi de frayeur.
Il vient , &c.
    6. Assis sur un Trône de gloire ,
Il dit : venez , ô mes élus !
Comme moi vous avez remporté la victoire,

Recevez de ma main le prix de vos vertus.
Assis., &c.

7. Tombez dans le sein de l'abyme ;
Tombez, pécheurs audacieux :
De mon juste courroux, immortelles victimes,
Vils suppôts des Démons, vous brûlerez comme eux.
Tombez, &c.

8. Triste éternité de supplices,
Tu vas donc commencer ton cours :
De l'heureuse Sion ineffables délices,
Bonheur, gloire des Saints, vous durerez toujours.
Triste, &c.

9. Grand Dieu ! qui sera la victime
De ton implacable fureur !
Quel noir pressentiment me tourmente & m'opprime !
La crainte & le remords me déchirent le cœur.
Grand Dieu, &c.

10. De tes jugements, Dieu sévere,
Pourrai-je subir les rigueurs ?
J'ai péché, mais ton sang désarme ta colere :
J'ai péché, mais mon crime est éteint dans mes pleurs.
De tes jugements, &c.

Sur la venue du Messie.

Sur l'Air : *Laissez paître vos bêtes.*

1. VEnez, divin Messie,
    Sauvez nos jours infortunés ;
Venez, source de vie,
Venez, venez, venez.
Ah ! descendez, hâtez vos pas,
Sauvez les hommes du trépas ;
Sécourez-nous, ne tardez pas :
Venez divin Messie,
Sauvez nos jours infortunés,
Venez source de vie, * Venez, venez, venez.

2. Ah ! désarmez votre courroux,
Nous soupirons à vos genoux ;
Seigneur, nous n'espérons qu'en vous :
Pour nous livrer la guerre,

Tous les Enfers sont déchaînés ;
Descendez sur la terre , * Venez, venez, venez,

3. Que nos soupirs soient entendus,
Les biens que nous avons perdus,
Ne nous seront-ils point rendus ?
Voyez couler nos larmes ;
Grand Dieu ! si vous nous pardonnez,
Nous n'aurons plus d'alarmes, * Venez, venez, venez.

4. Si vous venez en ces bas lieux,
Nous vous verrons victorieux,
Fermer l'Enfer, ouvrir les Cieux.
Nous l'espérons sans cesse ;
Les Cieux nous furent destinés ;
Tenez votre promesse, * Venez, venez, venez.

5. Ah ! puissions-nous chanter un jour,
Dans votre bienheureuse Cour,
Et votre gloire & votre amour ;
C'est-là l'heureux partage,
De ceux que vous prédestinez :
Donnez-nous en un gage,
Venez, venez, venez.

A l'honneur de Saint Nicolas.

Sur l'Air : * *

1. QUe l'univers, du Saint Prélat de Myre,
Chante la gloire, & la publie toujours :
Dès le berceau, merveille qu'on admire,
Ce Saint jeûnoit par semaine trois jours.

2. Si Nicolas commença dès l'enfance,
A macérer par les jeûnes son corps ;
Sa charité depuis parut immense,
En prodiguant aux pauvres ses trésors.

3. Des Ecoliers, admirable modele,
Il étudie avec assiduité ;
A la ferveur en lui toujours nouvelle,
Il joint une humble & vraie docilité.

4. Suivons ses pas jusques au sanctuaire,
Où dès premiers l'amène son amour ;
Il y répand son cœur dans la priere,
S'unit à Dieu & la nuit & le jour.

5. Le Ciel s'explique, il faut, grand Saint, vous rendre,
Et le Troupeau vous veut pour son Prélat ;
D'ameres pleurs vous avez beau répandre,
On vous confere enfin l'Episcopat.

6. Que de travaux, que de soins, que de veilles !
Pour le salut du fortuné troupeau ;
Par Nicolas s'opèrent des merveilles,
C'est un ardent & lumineux flambeau.

7. Nous réclamons, grand Saint, votre assistance ;
Puisque le Ciel vous donna pour Patron,
Et pour modèle à notre tendre enfance,
Accordez-nous votre protection.

8. Dieu signala par les plus grands miracles,
Votre crédit & votre gloire aux Cieux.
Obtenez donc, que malgré les obstacles,
Nous parvenions à ce séjour heureux.

Sur l'immaculée Conception de la très-Sainte Vierge.

Sur l'Air : *Vers l'amour.*

1. O Titre, ô privilege heureux !
Vierge, dans tous les temps exempte de souillure,
Etonnement de la nature ;
Votre premier instant fut le plus glorieux.

2. Quelle différence de sort !
Nous sortons tous pécheurs, d'une source coupable ;
Mais vous seule, enfant admirable,
Vous rencontrez la vie où nous trouvons la mort.

3. Avant d'ouvrir au jour nos yeux,
Nous sommes dévoués à la nuit éternelle ;
Mais vous, l'aurore la plus belle
Vous annonce déjà pour la Reine des Cieux.

4. Comme un lys, l'honneur des jardins,
Brille pour sa blancheur au milieu des épines ;
Ainsi, par vos graces divines,
Vous brillez sans égal au milieu des humains.

5. Pour vous que l'ineffable honneur,
A l'abri du venin qui tous nous défigure,
Votre beauté toujours plus pure,

Dès ses premiers rayons a charmé le Seigneur.

6. O chef-d'œuvre du Créateur !
Vous rassemblez en vous tous les dons de sa grace ;
Son bras tout puissant se surpasse,
Pour préparer en vous la Mere du Sauveur.

7. Vaincu sous vos pieds triomphants,
Le serpent ennemi sent écraser sa tête :
L'heureux fruit de votre conquête
Fait revivre d'Adam les malheureux enfants.

8. L'enfer vous voit avec terreur :
Ah ! sur lui donnez-nous part à votre victoire :
Et daignez vous faire une gloire,
De nous conduire enfin au céleste bonheur.

Pour le même temps de l'Avent.

Sur l'Air : *Qu'as-tu, Damon ?*

1. DANS le profond de vos abymes,
    Saints Patriarches, soupirez,
Faites pleuvoir, Cieux azurés,
Celui qui doit laver nos crimes :
Donnez au plutôt ce Seigneur,
Qui doit sauver l'homme pécheur.

2. Chrétiens, soyons de la partie,
Joignons nos vœux à leurs désirs,
Poussons comme eux mille soupirs,
L'Eglise enfin nous y convie :
Prions-le de naître au plutôt,
Et de nous tirer de nos maux.

3. Préparons-nous à la venue,
D'un Dieu qui naît pour notre bien ;
Fuyons le mal : que tout Chrétien
Fasse de son cœur la revue,
Pour recevoir ce Dieu caché,
Il faut n'avoir point de péché.

4. Dans un esprit de pénitence,
Tout Chrétien doit vivre toujours ;
Mais bien plus, pendant les saints jours
Qui précedent l'humble naissance,
D'un Dieu qui de nos maux touché

Vient endurer pour le péché.

5. Dans peu de jours il doit paroître,
Tous nos défirs font accomplis ;
Il faut préparer nos efprits,
Afin que ce Dieu puiffe naître
Et qu'en nos cœurs par fon amour,
Il prenne naiffance en ce jour.

6. Vous êtes notre unique maître,
Nous n'efpérons, mon Dieu, qu'en vous ;
Defcendez, defcendez fur nous ;
Enfin il eft temps de paroître,
Ne tardez plus, venez, Seigneur,
Venez fauver l'homme pécheur.

Veille de Noël.

Sur l'Air : *Vas, vas, perfide & volage, &c.*

1. Quel jour va pour nous éclore !
Déjà luit l'aurore
Du Dieu que j'adore.... Il eft né !
O nuit ! fuis avec tes ombres ;
Tombez, voiles fombres,
Un Sauveur nous eft donné.   *Fin.*
Mais une crèche eft fon Trône.
De froid il friffonne ;
En lui tout étonne   Mes yeux ;
Il eft, merveille admirable !
Enfant dans l'Etable,
Et Mornarque dans les Cieux.   Quel, &c.

2. Il fouffre, il répand des larmes !
Ce font là fes armes :
Cédons à leurs charmes   Vainqueurs,
Hélas ! c'eft de notre crime
La tendre victime
Qui follicite nos cœurs.   *Fin.*
Aimons-le, en lui tout l'infpire :
Si fon cœur foupire,
C'eft qu'il ne refpire   Qu'amour
Pour lui foyons tous de flamme :

Faut-il à notre ame
Plus de motifs de retour ?   Il souffre, &c.

3. Fuis, fuis, volupté chérie,
Du Ciel ennemie,
Sois de moi bannie   A jamais.
Fuyez, & vous, beautés vaines,
Je crains peu vos chaînes :
Jesus a brisé vos traits.   *Fin.*
Egal à Dieu que tu venges,
Souverain des Anges,
Tu nais dans les langes   Pour moi.
Et moi, mon Prince & mon Maître,
Je veux, & renaître,
Et vivre & mourir pour toi.   Fuis, &c.

La Naissance de Jesus-Christ. Sur l'Air : ***

1. CHantons l'heureuse naissance,
Que l'on célebre en ce jour ;
Un Dieu, malgré sa puissance,
Est vaincu par son amour.   (*bis.*)

2. En tous lieux de ses louanges
Faisons retentir les airs ;
Et mêlons avec les Anges,
La douceur de nos concerts.   (*bis.*)

3. Qu'adorable est le mystere,
Que l'on célebre en ce jour ;
Il désarme la colere,
Et fait triompher l'amour.   (*bis.*)

4. Mortels, auriez-vous pu croire
Qu'une étable fût le lieu
Propre à renfermer la gloire
Et la Majesté d'un Dieu ?   (*bis.*)

5. Celui devant qui les Anges
Tremblent éternellement,
S'est renfermé dans les langes,
Sous la forme d'un enfant.   (*bis.*)

6. Pour rompre toutes nos chaînes,
Il s'est mis dans les liens ;
Il s'est chargé de nos peines,

Pour

Pour nous combler de ses biens.　　　　(bis.)

7. Ne tardez point, allez, Mages,
A cet enfant glorieux ;
Rendez les justes hommages
De vos trésors précieux.　　　　(bis.)

8. Suivez l'astre favorable,
Qui luit pour vous éclairer,
Allez voir dans une étable,
Un Dieu qu'il faut adorer.　　　　(bis.)

Autre pour le même jour.

Sur l'Air : *Dans cette Etable.*

1. QUel grand mystere
　　Brille en ce saint jour !
La Vierge mere
Enfante un Dieu d'amour ;
C'est le Verbe éternel,
Le Monarque immortel,
Le Fils de Dieu le Pere :
C'est le Maître du Ciel,
Quel grand mystere !

2. Du Ciel en terre
Il vient, ce Roi puissant,
De son tonnerre
Frapper le fier Satan ;
Ce trop rusé serpent
Qui fit tomber Adam :
Pour lui faire la guerre,
Il se hâte, il descend
Du Ciel en terre.

3. Ce divin Maître,
Dans le sein de la nuit,
Daigne paroître ;
Ce beau Soleil y luit.
Les divins Messagers,
Par des sons passagers,
Le font bientôt connoître
A des heureux Bergers,
Ce divin Maître.

C

4. Dans une étable,
On y voit du Très-Haut
Le Fils aimable,
Mis dans un berceau :
O Cieux, étonnez-vous !
Cieux devenez jaloux ;
Le Messie adorable
Naît en ce jour pour nous,
Dans une étable.

5. Avec les Anges,
Joignons les doux concerts
De nos louanges ;
Mêlons les tons divers,
Chantons le Roi des Cieux,
Emmailloté de langes :
Louons ce Dieu des Dieux
Avec les Anges.

Même jour.

Sur l'Air : *Tous les Bourgeois de Chartres.*

1. LE Fils du Roi de gloire
Est descendu des Cieux ;
Que nos chants de victoire
Résonnent dans ces lieux.
Il soumet les Enfers,
Il calme nos alarmes :
Il tire l'univers des fers,
Et pour jamais lui rend la paix,
Ne versons plus de larmes.

2. Son amour l'a fait naître
Pour le salut de tous ;
Il fait par là connoître
Ce qu'il attend de nous.
Un cœur brûlant d'amour
Est le plus bel hommage ;
Faisons lui tour à tour la cour ;
Dès aujourd'hui n'aimons que lui.
Quel plus charmant partage !

3. Vains honneurs de la terre,
Je veux vous oublier ;
Le Maître du tonnerre
Vient de s'humilier :
de vos trompeurs appas
Je saurai me défendre :
Allez, n'arrêtez pas mes pas :
Monde flatteur, monde enchanteur,
Je ne veux plus l'entendre.

4. Régnez seul en mon ame,
O mon divin Epoux !
N'y souffrez point de flamme
Qui ne s'adresse à vous,
Que voit-on dans ces lieux,
Que misere & bassesse ?
Je leverai les yeux aux Cieux :
C'est votre loi, céleste Roi,
Que j'aimerai sans cesse.

Pour le jour de la Circoncision de N. S. J. C.

Sur l'Air : *Vive Jesus, vive sa Croix, ou Dirai-je*
mon Confiteor ?

1. Dieu le Pere veut que son Fils
Porte en son corps la flétrissure
D'un crime qu'il n'a pas commis ;
Et ce Fils, sans aucun murmure,
Pour commencer sa Passion,
Souffre la Circoncision.

2. Un Dieu se soumet à la loi,
Qui n'oblige que le coupable,
Se fait circoncire pour moi ;
Et moi pécheur, moi misérable,
Combien refusai-je de fois,
D'obéir à ses saintes Loix !

3. Vous êtes Pere, Créateur,
Maître & Seigneur de la nature ;
Je suis disciple, serviteur,
Votre enfant, votre créature :

C 2

Qu'étant à vous par tant de droits,
J'écoute toujours votre voix.

4. En vain l'on circoncit son corps,
Si l'ame n'est point circoncise;
Mais on la circoncit dès-lors
Qu'on résiste à sa convoitise;
Que l'on retranche un vain plaisir,
Un vain discours, un vain désir.

5. Puisque sans un cœur circoncis,
Mon Dieu, l'on ne sauroit vous plaire,
Par la grace que votre Fils
Nous mérite dans ce Mystere,
Faites-moi toujours retrancher
Tout ce qui me porte à pécher.

L'adoration des Rois.

Sur l'Air : *Voici le jour solemnel de Noël.*

1. UN nouvel astre reluit, qui conduit,
Des rivages de l'aurore,
Trois sages Rois vers l'Enfant, qui naissant,
Mérite bien qu'on l'adore.

2. Ils vont dans Jérusalem, Bethléem
N'est pas loin de cette Ville.
Ils parlent d'un Roi nouveau, au berceau,
Hérode n'est pas tranquille.

3. La Cour partage l'effroi de son Roi,
Toute la ville est émue!
Les Docteurs sont assemblés, & troublés,
La terreur est répandue.

4. Hérode leur dit à tous : savez-vous
En quel lieu le Christ doit naître?
Rappellez dans vos esprits, quels écrits
Pourroient le faire connoître.

5. Ils ont tous les livres saints dans leurs mains,
Ils en sont les interpretes :
Bethléem est le seul lieu où leur Dieu
Naîtra, selon les Prophetes.

Le Roi cachant son dessein, dans son sein,
Dit alors aux trois Rois Mages :

Notre Roi n'est pas bien loin, prenez soin
De lui porter vos hommages.

7. Bethléem est le séjour de sa Cour :
Allez-y sans plus attendre,
J'embrasserai ses genoux après vous ;
Mais venez-moi tout apprendre.

8. Ils partent : l'astre des Cieux, à leurs yeux
Aussi-tôt vient reparoître ;
Il s'arrête sur le lieu que leur Dieu
A daigné choisir pour naître.

9. D'un cœur sincere & constant, à l'instant,
A ses pieds tous trois se jettent :
Et pleins d'une vive foi, pour ce Roi,
A ses loix ils se soumettent.

10. Ils lui donnent pour présent, de l'encens,
De l'or avec de la myrrhe ;
Ils adorent ce Sauveur, ce Seigneur,
Ce Dieu que le Ciel admire.

11. Un Ange, pendant la nuit, les instruit
Du dessein du Roi perfide :
Mais ils changent de chemin, l'inhumain,
Trâme en vain son déicide.

12. Joseph est déjà parti, averti
D'aller dans une autre terre :
A la faveur de la nuit il s'enfuit,
Avec l'enfant & la mere.

---

*Sur l'amour de Jesus, pour servir de préparation à
la fête de Noël.*

Sur l'Air : *Quand le peril est agréable, ou Bénissez
le Seigneur suprême.*

1. AH ! j'entends Jesus qui m'appelle
Que sa voix a pour moi d'appas !
Je suivrai désormais ses pas,
Et lui serai fidele.

2. Je n'ai que trop été rebelle,
Et je rougis de ma langueur ;
Défendez-moi contre mon cœur,
O sagesse éternelle !

Ah! c'est trop résister mon ame!
Ne cherchons plus de vains détours,
Donnons à Jésus nos amours,
Et brûlons de sa flamme.

4. Rien sans Jésus n'est agréable,
Rien sans Jésus ne peut charmer:
Ne doit-on pas toujours l'aimer,
Étant toujours aimable?

5. Qu'un cœur dont Jésus est le maître,
Sent de douceur à le servir;
Mais pour goûter ce doux plaisir
Il faut le bien connoître.

6. Je l'entends ce Dieu qui m'appelle,
Et qui m'invite à son amour:
Pour lui refuser un retour,
Il faut être infidele.

7. J'aime Jésus, je le veux suivre,
Peut-on jamais trop le chérir?
Vivre sans l'aimer c'est mourir,
L'aimer c'est toujours vivre.

Sur le Saint Nom de Jésus.

Sur l'Air : *Nous te louons Seigneur*, ou *Menuet de la Reine.*

DU saint Nom de Jésus je veux chanter la gloire,
C'est le plus beau des noms: nous gagnons la victoire
Sur le monde, la chair, l'enfer & les démons,
Quand d'un cœur plein de foi, souvent nous le nommons.

2. Jésus est le beau nom, nom toujours adorable,
Jésus, nom de grandeur infiniment aimable,
Qui nous donne la paix, & calmant notre cœur,
Le tire des dangers & fait tout son bonheur.

3. Lorsque dévotement la bouche le profere,
Le cœur plein de douceur ne sent plus de misere,
Le plus cruel tourment aussi-tôt devient doux,
Et ce nom si charmant se rend propice à tous.

4. Si portés sur la mer nous craignons le naufrage,
Si nous nous engageons dans quelque long voyage,
Si nous appréhendons quelque funeste sort,

Le saint Nom de Jesus nous conduit à bon port.

5. Quand, à la mort, craignant une juste vengeance,
Nous invoquons Jesus, implorant sa clémence,
Dieu, par un prompt secours, donne un heureux trépas,
Et nous fait voir bientôt Jesus rempli d'appas.

6. Mais afin qu'à la mort Jesus nous soit propice,
Pendant que nous vivons recherchons sa justice;
Car si nous l'offensons il saura nous punir,
Et nous donner l'enfer au lieu de nous bénir.

La sainte Enfance de Jesus.

Sur l'Air : *Ah ! vous dirai-je Maman*, &c.

1. O Vous dont les tendres ans
Croissent encore innocents !
Pour sauver à votre enfance
Le trésor de l'innocence,
Contemplez l'Enfant Jesus,
Et prenez-en les vertus.

2. Il est votre Créateur,
Votre Dieu, votre Sauveur;
Mais il est votre modele :
Heureux qui lui fut fidele,
Il eut part à sa faveur,
A ses dons, à son bonheur.

3. Que touchant est le tableau
Que nous offre son berceau !
O que de leçons utiles
Y trouvent les cœurs dociles !
Accourez, vous tous, enfants,
Y former vos jours naissants.

4. A lui seul, cœurs innocents,
Donnez vos premiers instants,
Et vouez à sa Loi sainte
Une filiale crainte :
Rien ne plaît plus au Seigneur,
Que le don d'un jeune cœur.

5. Esprits vains, cœurs indomptés,
Captivez vos volontés :

Quand on voit Jesus lui-même,
Jesus la grandeur suprême,
S'abaisser, s'anéantir,
Peut-on ne pas obéir?

6. Tout m'inftruit dans l'Enfant Dieu:
Son respect pour le faint lieu,
Son air modeste, humble, affable,
Sa douceur inaltérable,
Son zele, fa charité,
Sa clémence, fa bonté.

7. Jesus croît, & plus fes ans
Hâtent leurs accroiffements,
Plus l'adorable fageffe,
Qui réfide en lui fans ceffe,
Dévoile aux yeux des humains
L'éclat de fes traits divins.

8. Combien en eft-il, hélas!
Qui loin de fuivre fes pas,
Vont croiffant de vice en vice,
Aboutir au précipice?
Heureux, feul heureux, qui prend,
Pour guide Jesus Enfant.

Depuis la Purification juſqu'au Carême.
Pour la Fête de la Purification de la Très-Sainte Vierge.
Sur l'Air: *Préparons-nous pour la Fête.*

1. SEchons nos yeux à l'aſpect de Marie,
La fource en doit être tarie:
L'aimable Rédempteur de tout le genre-humain,
Le fruit de vie eſt forti de fon fein.

2. D'obéiffance elle donne un exemple:
Quel zele! on la voit dans le Temple
Le quarantieme jour de fon enfantement,
Dans ce faint lieu la conduit humblement.

3. Quoique fans tache, elle fe purifie;
Vertu digne d'être fuivie!
Quand on oſe s'offrir aux yeux du Tout-Puiffant,
On ne fauroit être affez innocent.

4. Elle préfente à ce Dieu qui l'anime

Son Fils pour premiere victime :
A-t-on jamais offert tribut plus précieux !
Ce Fils aimable est descendu des Cieux.

5. A quels transports est livré le Grand-Prêtre !
Il voit & son Pere & son Maître !
Il tient entre ses bras le salut d'Israël,
Le Verbe chair, le Fils de l'Eternel !

6. Ah ! dit alors ce céleste Prophete,
Quel jour ! que ma joie est parfaite !
Je dois mourir en paix après un tel bonheur :
Du monde entier j'ai vu le Rédempteur.

Sur la vie mortelle de Jesus-Christ. Sur l'Air : *

1. POur devenir notre modele,
Jesus daigna vivre ici-bas,
Marquons-lui donc tout notre zele,
Jusqu'au tombeau suivons ses pas.

2. Il fut pour nous un tendre Pere,
Et sa bonté nous montre à tous,
Qu'il faut avoir pour notre frere
Le même amour qu'il a pour nous.

3. Dans le Temple il s'offre à son Pere,
Quoiqu'il fut au-dessus des Loix ;
Et nous mortels, cendre & poussiere,
Nous fermons l'oreille à sa voix.

4. Il pouvoit être Roi du monde,
Il a choisi la pauvreté ;
Que son exemple nous confonde,
Quand nous cherchons la vanité.

5. A peine sort-il de l'enfance,
Qu'il prêche aux Maîtres de la Loi,
Et nous vivons dans l'ignorance
Sur les Mysteres de la Foi.

6. Dans un lieu triste & solitaire,
Il a jeûné quarante jours ;
A ce remede salutaire
Nous n'osons pas avoir recours.

7. Pour publier son Evangile,
Il est toujous dans les travaux :

Il va courir de ville en ville,
Et nous n'aimons que le repos.

8. Contre le plus sanglant outrage
Il n'exerça que la douceur ;
La moindre injure nous engage
A nous venger avec fureur.

9. Il fut soumis à Dieu son Pere,
Jusqu'à la mort, jusqu'à la croix,
Et l'homme foible & téméraire,
Avec mépris traite ses Loix.

10. Que son exemple nous anime,
Suivons ses pas dans ces bas lieux :
Détestons & fuyons le crime,
Si nous voulons régner aux Cieux.

L'ingratitude des hommes envers Jesus-Christ.

Sur l'Air: * * *

1. JEsus est la bonté même,
Il a mille doux appas ;
Cependant aucun ne l'aime,
On n'y pense presque pas :
Pendant que la Créature
Nous embrase de ses feux,
Pour Dieu seul notre ame est dure ;
Ah! pleurez, pleurez, mes yeux.

2. Dieu se rend un Dieu sensible,
Afin de mieux nous charmer,
Mais en devenant visible,
A-t-il pu se faire aimer ?
Lorsqu'un tendre amour le presse
De prévenir tous nos vœux,
Quel retour? nulle tendresse,
Ah! pleurez, pleurez, mes yeux.

3. D'un enfant il prend les charmes,
Pour attendrir les humains,
Pour cela de douces larmes
Coulent de ses yeux divins :
Notre ame est-elle attendrie

Par tous ses cris amoureux ?
Elle est toujours endurcie,
Ah! pleurez, pleurez, mes yeux.

4. De la divine justice
Jesus porte tout le poids;
Il nous sauve du supplice,
En mourant sur une croix:
Et pour tant de bienveillance
Avons-nous, ô malheureux!
La moindre reconnoissance?
Ah! pleurez, pleurez, mes yeux.

5. Jesus dans l'Eucharistie,
Par un prodige d'amour,
Devient notre pain de vie,
Notre pain de chaque jour:
Au milieu de tant de flammes,
Dans ce mystere amoureux,
Que de froideurs dans nos ames!
Ah! pleurez, pleurez, mes yeux.

6. Il daigne en vain de ce Trône,
Nuit & jour nous inviter,
Jamais y voit-on personne
Qui vienne le visiter?
Sa maison est délaissée,
Son entretien ennuyeux,
Et sa table méprisée;
Ah! pleurez, pleurez, mes yeux.

7. Mon Jesus n'a point d'asyle
Contre les coups des mortels:
C'est un rempart inutile
Que son Trône & ses Autels!
Chaque jour, rempli de rage,
Le pécheur audacieux,
Au lieu saint lui fait outrage:
Ah! pleurez, pleurez, mes yeux.

8. Tous les jours se renouvelle,
Contre mon divin Sauveur,
Cette trahison cruelle
Qui fit tant souffrir son cœur.
O! combien de patricides,

Recevant le Roi des Cieux,
Donnent des baisers perfides !
Ah ! pleurez, pleurez, mes yeux.

9. Une Croix pour lui cruelle,
C'est un corps dans le péché,
A cette chair criminelle
Qu'on l'a souvent attaché !
Tout est souillé par les vices ;
O Dieu, que vois-je en tous lieux
Pour mon Jesus des supplices !
Ah ! pleurez, pleurez, mes yeux.

Résolutions du pécheur pénitent.

Sur l'Air : *De Joconde*, ou *Enfants, gravez*, ou *Gardien de la Virginité.*

1. PLaisirs trompeurs, retirez-vous,
   Je méprise vos charmes ;
Ce qu'on y trouve de plus doux,
Nous coûte trop d'alarmes.
Vous avez beau flatter mes sens
Avec un soin extrême ;
Tous vos efforts sont impuissants,
Ce n'est plus vous que j'aime.

2. Votre douceur m'avoit surpris,
Je la croyois parfaite ;
Mais j'en connois enfin le prix,
Et mon cœur la rejette :
Retirez-vous, je suis vainqueur,
Fuyez sans plus attendre ;
Je vous avois donné mon cœur,
Je viens de le reprendre.

3. Je ne veux plus aimer que Dieu,
C'est lui seul qui peut plaire ;
C'est lui qui commande en tout lieu,
C'est lui qui nous éclaire ;
C'est lui qui sut former de rien,
Le Ciel, la Terre & l'Onde :
Enfin c'est lui qui du vrai bien

Est la source féconde.

4. Il me prévient par son amour,
J'en vois par-tout des traces;
Il me dispense, chaque jour,
Quelques nouvelles graces:
Comme Sauveur & comme Roi,
Je lui dois tout hommage.
Il a versé son sang pour moi,
Pouvoit-il davantage?

5. Je ne crains plus, dès aujourd'hui,
Que sa main m'abandonne;
Puisqu'il veut être mon appui,
Il n'est rien qui m'étonne.
Il confondra mes ennemis,
Il veut que je l'espere;
Il daigne m'appeller son fils,
Je l'appelle mon Pere.

6. Par lui je vois tarir mes pleurs,
Par lui je suis tranquille,
Et dans mes plus pressants malheurs,
Il devient mon asyle.
Pour achever mon heureux sort,
Si je lui suis fidele,
Il me promet, après la mort,
Une vie éternelle.

7. Pour mériter un sort si beau,
Je lui donne ma vie.
Je veux l'aimer jusqu'au tombeau,
C'est ma plus chere envie.
Que je vais vivre sous ses loix,
Dans une paix profonde!
Adieu pour la derniere fois,
Plaisirs trompeurs du monde.

Les biens du Ciel, préférables à ceux du Monde.

Sur l'Air: *Jouissons des plaisirs.*

1. FAux plaisirs, vains honneurs, biens frivoles,
Ecoutez aujourd'hui nos adieux;
Trop long-temp vous fûtes nos idoles,

Trop long-temps vous charmâtes nos yeux. Faux, &c.

2. Loin de nous la fatale espérance,
De trouver en vous notre bonheur :
Avec vous, heureux en apparence,
Nous portons le chagrin dans le cœur. Loin, &c.

3. Enchantés d'une gloire plus belle,
C'est au Ciel que tendent nos désirs ;
Dans le Ciel toujours fête nouvelle,
Avec Dieu toujours nouveaux plaisirs. Enchantés, &c.

4. Enivrés de douceurs ineffables,
On jouit de la Divinité ;
On bénit ses bontés adorables,
On partage sa félicité. Enivrés, &c.

5. Beau séjour des clartés immortelles,
Montrez-vous, contentez nos souhaits ;
Ici-bas les peines sont réelles,
Les plaisirs n'ont que de vains attraits. Beau, &c.

6. Faisons tout ce que Dieu nous ordonne,
Suivons tous ses loix avec ardeur ;
Qu'un chacun à l'envi s'abandonne
Aux douceurs de la Loi du Seigneur. Faisons, &c.

Contre les désordres du Carnaval.

Sur l'Air : * * *

1. Gemissez, ames Chrétiennes,
Gens de bien, fondez en pleurs
Sur les débauches payennes
Qui corrompent tant de cœurs ;
Hélas que ces tristes scenes
Sont dignes de vos douleurs !
Gémissez, ames Chrétiennes,
Gens de bien, fondez en pleurs.

2. Détestons cette alégresse,
Ces jeux, ces ris insolents ;
Doit-on quitter la sagesse,
Pour des plaisirs indécents ?
Pleurons quand chacun s'empresse
De satisfaire ses sens :

Détestons, &c.

3. Quand l'Eglise est occupée
Des douleurs du Roi des Rois,
Qu'une ame est abandonnée,
Qui du monde suit ses loix!
Peut-elle être dissipée,
Et s'éloigner de la Croix,
Quand l'Eglise, &c.

4. Dans le reste de l'année
On veut paroître meilleur;
D'une conduite réglée
On garde l'extérieur:
En ce temps tête levée,
On fait le mal sans pudeur,
Dans le reste, &c.

5. La raison est abrutie,
Par les excès où l'on vit;
Il semble que l'on oublie
Qu'il faut vivre de l'esprit:
De cette conduite impie,
L'impénitence est le fruit.
La raison, &c.

6. Au jeûne, à la pénitence,
Que chacun doit embrasser,
Suivant cette extravagance,
Prétend-on se disposer?
Donnant dans l'intempérance,
C'est bien mal se préparer
Au jeûne, &c.

7. O Dieu, plein de patience!
C'est trop long-temps s'abuser;
Seigneur, en votre présence
Nous venons nous prosterner,
Par des fruits de pénitence
Nous voulons vous appaiser.
O Dieu, &c.

8. Loin des spectacles, des danses,
Loin des festins superflus,
Des folles réjouissances,
Et des plaisirs défendus,

D 2

Nous voulons de vos souffrances
Nous occuper, ô Jesus !
Loin des, &c.

Depuis le Carême jusqu'à Pâques.

Sur les quatre fins de l'Homme.

Sur l'Air : *Venez, venez, Esprit-Saint.*

1. SOuvenez-vous, Chrétiens, qu'il faut mourir,
Que votre corps au tombeau doit pourrir,
Et qu'on vous voit courir incessamment
A ce fatal & terrible moment.

2. Comme un larron la mort arrivera,
Nous ne savons en quel temps ce sera :
De ce moment aucun n'est assuré,
Afin qu'on soit en tout temps préparé.

3. Quand le cœur est plein d'inutiles soins,
Que tout nous rit, qu'on y pense le moins,
Qu'on croit jouir d'une pleine santé,
La mort survient d'un pas précipité.

4. Lorsque notre ame, après de grands efforts,
Au temps prescrit aura quitté son corps,
Au même lieu, dans le même moment,
Dieu la fera paroître en jugement.

5. Tous les péchés que nous aurons commis,
Devant nos yeux à l'instant seront mis :
Ce Juge Saint pésera nos vertus,
Et les bienfaits que nous aurons reçus.

6. Alors un Dieu plein de sévérité
Nous jugera pour une éternité :
Et sans délai, sans espoir de retour,
Nous subirons cet arrêt dès ce jour.

7. L'homme chargé d'un seul péché mortel,
Sera conduit au supplice éternel :
Il aura beau pousser de vains regrets,
Le feu d'Enfer ne s'éteindra jamais.

8. Pouvons-nous bien penser à ce malheur,
Sans en trembler, sans en frémir d'horreur,
Et sans vouloir par nos soins & nos vœux
Fléchir ici ce Juge rigoureux ?

9. Mais le jufte, plein de tranquillité,
Doit du Sauveur éprouver la bonté.
Qu'heureufement feront récompenfés,
Et fes douleurs, & fes travaux paffés.

10. Tout revêtu de gloire & de clarté,
Au haut des Cieux il fera tranfporté.
En l'enivrant d'un torrent de plaifirs,
Dieu pleinement comblera fes défirs.

11. Pour embraffer la Croix avec ardeur,
Confidérons ce fouverain bonheur :
Quoi qu'il en coûte & qu'il puiffe arriver,
Efforçons-nous, Chrétiens, de nous fauver.

Le Salut. Sur l'Air : * *

1. FUt-il jamais erreur plus déplorable !
Nous défirons les faux biens d'ici-bas :
Et le falut, le feul bien véritable,
Hélas ! nos cœurs ne le défirent pas.

2. Sommes-nous faits pour des biens fi fragiles,
Qu'on voit paffer ainfi qu'une vapeur,
Et qui pour nous en chagrins font fertiles ?
Ah ! de tels biens font-ils le vrai bonheur ?

3. Un Dieu, pour nous fouffre une mort honteufe,
Qu'une ame eft donc d'une grande valeur !
Et pour un rien cette ame précieufe,
Nous l'expofons à l'éternel malheur !

4. Perdre fon ame, ô perte ineftimable !
Quels biens pourroient nous en dédommager ?
De tous les maux, c'eft le feul redoutable,
Tout autre mal n'eft qu'un mal paffager.

5. En vain placés au fein de l'abondance
Nous jouiffons du bonheur le plus doux :
Gloire, plaifirs, dignités, opulence,
Sans le falut tout eft perdu pour nous.

Néceffité de la Pénitence. Sur l'Air : * * *

1. QUi veut mériter la gloire,
Doit pratiquer ces moyens :
Toujours aimer, toujours croire,

Du péché fuir les liens,
Et remporter la victoire
Sur le monde & ses faux biens.
Qui veut mériter la gloire,
Doit pratiquer ces moyens.

2. L'innocent & le coupable,
Sont tous sujets à ces loix;
Pour l'un ce joug est aimable,
Il s'y soumet avec choix:
Le pécheur plus misérable,
Craint la plus légere croix.

  L'innocent, &c.

3. Heureux qui de son Baptême
Conserve encore la blancheur!
Le plus brillant diadême
Ne lui fait pas tant d'honneur:
Il goûte un plaisir extrême,
Rien n'égale son bonheur.

  Heureux, &c.

4. Lorsque de cet avantage
On a perdu la douceur,
Les pleurs sont notre partage,
Traitons-nous avec rigueur;
Ou laissons-là l'héritage
Que nous offre le Seigneur.

  Lorsque, &c.

5. Quand on se plaît dans le vice,
Les vœux du salut sont vains;
Il faut vivre avec justice
Pour régner avec les Saints:
Un cœur rempli de malice,
Voit avorter ses desseins.

  Quand on, &c.

6. Aimons donc la Pénitence,
Si nous voulons nous sauver;
Quand on n'a plus l'innocence,
Ce bain seul peut nous laver.
Sans une humble repentance,
Au Ciel on ne peut entrer.

  Aimons donc, &c.

7. Que ce bain eſt ſalutaire!
Quand irai-je m'y plonger ?
Non, il n'eſt point de miſere
Qu'il ne puiſſe ſoulager :
Par-tout où la grace opere,
Nul mal ne peut réſiſter.
        Que ce bain, &c.

8. Quand Dieu voit couler nos larmes,
Il n'eſt plus un Dieu vengeur ;
Il appaiſe nos alarmes,
Il devient un Dieu Sauveur :
L'amour fait trouver des charmes,
Même où regne la douleur.
        Quand Dieu, &c.

Dans lequel Jeſus invite l'ame à ſon amour & à ſon ſervice.

Sur l'Air : *Nous aimons les plaiſirs champêtres*, ou
D'où vous vient, aimable Jeuneſſe.

1. EN ſecret le Seigneur m'appelle,
Et me dit : donne-moi ton cœur.
O mon Dieu! vous voilà vainqueur,
Je vous ſerai toujours fidele.
O mon Dieu! vous voilà vainqueur,
Le monde n'eſt qu'un perfide, un trompeur

2. Tout finit, tout nous abandonne,
Les plaiſirs s'en vont & les jeux ;
Vous, Seigneur, n'êtes pas comme eux.
Prenez mon cœur ; je vous le donne.
Vous, Seigneur, n'êtes pas comme eux,
Pour vous feront déformais tous mes vœux.

3. Que ſans Dieu l'on eſt miſérable!
Rien ſans lui ne nous paroît doux ;
Mais ſi-tôt qu'il eſt avec nous,
La peine même eſt agréable ;
Mais ſi-tôt qu'il eſt avec nous,
D'un mauvais ſort on ne craint point les coups.

4. Malheureux qui veut plaire aux hommes,
On n'a pas toujours leur faveur ;

Mais pour être amis du Sauveur,
Dès que nous voulons nous le sommes :
Mais pour être amis du Sauveur,
En un moment on obtient ce bonheur.

5. Ah ! Seigneur, dans votre service
On n'a pas de fâcheux retours :
On ne craint aucuns mauvais tours
De la brigue & de l'artifice :
On ne craint aucuns mauvais tours,
On voit couler tranquillement ses jours.

6. Vous fixez notre inquiétude,
Vous pouvez seul nous contenter ;
Votre joug est doux à porter,
Celui du monde est bien plus rude :
Votre joug est doux à porter,
A peu de frais le Ciel peut s'acheter.

7. Le monde nous promet merveille,
L'abord n'est qu'éclat, que beauté,
Mais après qu'il nous a flatté,
Quel est le fruit de tant de veilles ?
Mais après qu'il nous a flatté,
On voit trop tard qu'il n'est que vanité.

8. Ancienne, mais toujours nouvelle,
Ancienne & nouvelle beauté ;
Je vous ai long-temps résisté,
J'étois un ingrat, un rebelle :
Je vous ai long-temps résisté,
Enfin, mon Dieu, vous l'avez emporté.

Sentiment d'un pécheur qui connoît son état malheu-
reux, & qui demande à Dieu d'en être délivré.

Sur l'Air : * * *

1. DAns quel état déplorable
Me trouvai-je donc réduit !
La tristesse, hélas ! m'accable,
Par-tout le trouble me suit.
Ah péché ! monstre exécrable,
Tes faux charmes m'ont séduit.

Dans quel état, &c.

2. Ne suivant que mon caprice,
Je vis dans l'égarement ;
Au désordre, à l'injustice,
Je me livre à tout moment.
O ciel ! quelle est ma malice,
Quel est mon aveuglement ?
  Ne suivant, &c.

3. Le Seigneur souvent m'appelle
D'un ton rempli de douceur ;
Sors de ta langueur mortelle,
Mon fils, donne-moi ton cœur !
Mais ce cœur, toujours rebelle,
Ne lui montre que froideur.
  Le Seigneur, &c.

4. Il se passe dans moi-même
Les plus pénibles combats ;
Quelquefois du mal que j'aime
Je veux détourner mes pas ;
Mais quelle misere extrême !
Je veux & je ne veux pas.
  Il se passe, &c.

5. Je sens le poids de mon crime,
Sera-ce toujours en vain ?
De mes maux triste victime,
N'en verrai-je point la fin ?
Pour me tirer de l'abyme,
Ah ! qui me tendra la main ?
  Je sens le poids, &c.

6. Dans cet état pitoyable
J'ai recours à vous Seigneur !
Jettez un œil favorable
Sur ce malheureux pécheur.
Dieu, tout bon, tout charitable,
Changez tout-à-fait mon cœur.
  Dans cet état, &c.

7. Grand-Dieu ! finissez mes peines,
De mes maux soyez touché ;
Brisez la funeste chaîne
Qui tient mon cœur attaché ;

Que votre main me ramene
De la route du péché.
    Grand-Dieu, &c.
  8. C'en est fait, malgré ses charmes,
Du péché je veux sortir;
Contre moi je prends les armes,
Je veux, je veux me punir.
Pleurs, regrets, soupirs & larmes,
Vous ferez tout mon plaisir.
    C'en est fait, &c.

Résolution d'une ame qui veut faire son salut.

Sur l'Air : *Des quatrains de Pibrac.*

1. C'Est trop, Seigneur, c'est trop être en balance,
Je ne veux plus différer d'un moment :
N'êtes-vous pas le bien le plus charmant ?
Je dois rougir de ma lâche indolence.

  2. Je suis à vous, & dès ce moment même,
Monde trompeur, ne crois plus me charmer :
C'est mon Dieu seul que je prétends aimer,
Je vois enfin qu'il est le bien suprême.

  3. A tes faux biens j'ai trop livré mon ame,
Ces biens trompeurs ne flattoient que mes sens;
C'étoient des maux sans cesse renaissans,
Je dois brûler d'une plus belle flamme.

  4. Dieu tout charmant, c'est vous seul que j'adore.
Coulez sur moi, torrent de volupté ;
De mon bonheur que je suis enchanté !
Le monde en vain veut m'éblouir encore.

  5. Je ne vois plus qu'il ait les mêmes charmes
Qui si long-temps avoient séduit mon cœur ;
Il ne m'offroit qu'un brillant imposteur :
Ce souvenir me fait verser des larmes.

  6. Je plains ces jours où mon ame ravie,
S'abandonnoit à d'indignes transports.
Ces jours perdus m'accablent de remords ;
Que ne sont-ils retranchés de ma vie !

  7. Que mes regrets ont une juste cause !

Objet divin ! je viens à vous trop tard ;
Daignez fur moi jetter un doux regard :
Sur vos bontés mon ame fe repofe.

8. Votre clémence eft pour nous infinie ,
Vous faites graces à nos égarements:
Daignez , Seigneur , recevoir mes ferments ;
Je fuis à vous le refte de ma vie.

En l'honneur de Saint Jofeph.

Sur l'Air : *Tout cela m'eft indifférent.*

1. PEuples Chrétiens, affemblez-vous ,
Venez louer un chafte Epoux :
Jofeph eft cet époux fidele,
Qui digne d'un choix glorieux ,
Fut joint à la fource immortelle
Des plus riches tréfors des Cieux.

2. Si par un don du Saint-Efprit ,
Marie a conçu Jefus-Chrift ;
Jofeph, à ce facré Myftere,
Mérite d'être affocié :
Aux yeux de tous il eft cru pere
Du Rédempteur crucifié.

3. Dépofitaire d'un tréfor
Cent fois plus précieux que l'or ,
Il le conferve pour le monde,
Le nourrit de fes propres mains ,
Et devient la fource féconde
Du falut de tous les humains.

4. Dans une crêche, fans fecours,
Il voit briller fes premiers jours :
Il entend les concerts des Anges,
D'un Dieu naiffant brillante cour :
Tandis qu'ils chantent fes louanges,
Il admire & brûle d'amour.

5. Un Roi cruel & furieux
Fait-il la guerre au Roi des Cieux ?
Jofeph, par un efprit célefte,
Du noir complot eft feul inftruit :

Il cherche un féjour moins funeste;
C'est en Egypte qu'il s'enfuit.

6. L'Ange a-t-il rafsuré fon cœur ?
Il revient avec le Saüveur ;
Quelle autre frayeur il éprouve
Quand il perd ce divin Enfant !
Mais par bonheur il le retrouve,
Dans le faint Temple triomphant.

7. Tour à tour il fe fent faifir,
Et de douleur, & de plaifir ;
Le Ciel l'afflige & le confole,
Par des événements divers.
Il fait que fi fon Fils s'immole,
C'est pour fauver tout l'univers.

8. Il meurt enfin entre fes bras,
Est-il un plus heureux trépas ?
Ce n'est mourir qu'en apparence !
Son Nourriffon ferme fes yeux ;
Mais il lui laiffe l'efpérance
De vivre à jamais dans les Cieux.

9. C'est dans les lymbes qu'il attend
Le prix d'un triomphe éclatant.
Le Rédempteur, comblé de gloire,
Lui-même vient brifer fes fers:
Il a remporté la victoire
Sur la mort & fur les Enfers.

10. Chrétiens, qui voulez être heureux,
Sur ce grand Saint réglez vos vœux ;
Songez qu'une vie éternelle
Vous est promife après la mort:
Jofeph est un flambeau fidele,
Dont l'éclat vous conduit au port.

Du Sacrement de Pénitence & de fes conditions.

Sur l'Air : *, ou *Il faut attendre avec patience*, en
répétant deux verfets.

1. AU péché quiconque s'engage,
Perd l'innocence & le repos;
Qu'il fe foumette, avec courage,

A la pénitence au plutôt :
C'eſt la planche après le naufrage ;
L'unique remède à ſes maux.

2. Le Sacrement de Pénitence
Veut cinq choſes dans le pécheur ;
L'examen de ſa conſcience,
Le bon propos & la douleur ;
Puis qu'il confeſſe chaque offenſe
Et ſatisfaſſe avec rigueur.

3. Cet examen ſi néceſſaire,
Donne au pécheur les premiers coups ;
Voici comment il le faut faire :
Mettez-vous d'abord à genoux,
Et loin du bruit, par la prière,
Attirez l'Eſprit-Saint en vous.

4. Eſprit-Saint, Eſprit adorable,
J'implore humblement vos bontés ;
Soyez à mes vœux favorable,
Et donnez-moi par vos clartés
La connoiſſance véritable
De toutes mes iniquités.

5. Il faut s'examiner peu vîte,
Sur les divins Commandements ;
Les péchés capitaux enſuite,
Le mauvais uſage des ſens :
Parcourant de notre conduite
Les œuvres & les manquements.

6. Outre chaque faute commiſe,
Par l'eſprit, la langue ou la main,
Il faut encore que l'on déduiſe
Nombre, lieu, eſpece & deſſein :
Voler, par exemple, à l'Egliſe,
C'eſt ſacrilege & non larcin.

7. On doit mettre un temps raiſonnable
A voir ſes péchés différents ;
Le pécheur ſe rend très-coupable,
Qui par ſa faute en tait de grands ;
Et le Confeſſeur trop traitable,
Ne ſert de guere aux négligents.

8. Notre douleur doit être amere

E

Et pleine de confufion ,
D'avoir mérité la colere
D'un Dieu fi grand , d'un Dieu fi bon :
Prêt à tout fouffrir , à tout faire ,
Pour en obtenir le pardon.

   9. O Dieu de Majefté fuprême !
Mon cœur pénétré de regrets ,
Gémit , vous recherche & vous aime :
Je fuis réfolu déformais
De fouffrir plûtôt la mort même ,
Que de vous offenfer jamais.

   10. Du péché fi l'on a la haine,
On fuira les occafions ;
Nous romprons la fatale chaîne
De nos criminelles actions ,
Evitant ce qui nous entraîne
Vers l'objet de nos paffions.

   11. Il faut que le pécheur s'accufe
De fes péchés les plus fecrets ;
Que fur perfonne il ne s'excufe ,
Et qu'il n'en cache rien jamais :
Autrement , hélas ! il s'abufe ,
Dieu ne lui donne point fa paix.

   12. Il doit fe mettre aux pieds du Prêtre,
En pofture de criminel ;
Son humilité doit paroître ,
S'il fe regarde comme tel :
Sa douleur fe fera connoître
Par un foupir continuel.

   13. Au Confeffeur , quoique févere ,
Le pécheur fe foumettra ;
Plus la pénitence eft amere ,
Plûtôt elle le guérira :
Si la pénitence eft légere ,
Dans fes péchés il vieillira.

   14. Le pénitent doit fatisfaire
A Dieu juftement irrité ,
Par le jeûne , aumône & priere ,
Tâchant d'attirer fa bonté ;
Souffrant maladie & mifere

Avec beaucoup d'humilité.
15. Il faut aussi qu'il se prépare
A satisfaire à son prochain,
Et qu'à la rigueur il répare
La médisance & le larcin.
Qui ne satisfait pas s'égare,
Et ne se confesse qu'en vain.

Acte de Contrition.

Sur l'Air : *Dieu de bonté.*

1. PArdon, mon Dieu, je ne veux plus pécher,
   Lavez mon cœur dans le sang de vos veines;
Puisqu'un pécheur vous a coûté si cher,
Ne perdez pas le fruit de tant de peines.

2. Je n'ose plus regarder vers les Cieux,
Qu'en qualité d'une de vos victimes;
Hélas ! je meurs pensant que, sous vos yeux,
Un peu de cendre ait commis tant de crimes.

3. Calmez, mon Dieu, calmez votre courroux,
Mon cœur se fend à ce juste reproche;
Si mes péchés m'ont éloigné de vous,
Que la douleur que j'en ai m'en rapproche.

4. Accordez-moi pour satisfaction,
Qu'à l'avenir mon ame soit plus sainte,
Et que je vive avec contrition,
Et que je meure avec amour & crainte.

5. Quittons, mon cœur, quittons la vanité;
Ne pensons plus qu'à mourir & bien faire:
Si d'un moment dépend l'éternité,
Notre salut est notre unique affaire.

Réflexions amoureuses au pied de la Croix.

Sur l'Air : *Je ne veux de Tircis, ou Que de biens à la fois!*

1. QUel miracle d'amour je vois devant mes yeux!
   C'est pour moi que Jesus soupire,
C'est pour moi qu'il souffre en ces lieux:

C'eſt enfin pour moi qu'il expire.

2. Cet Agneau tout ſanglant en Croix eſt attaché,
Il veut pour moi calmer ſon Pere,
Et prenant ſur lui mon péché,
Il expire ſous ſa colere.

3. Tendre amour, je ne puis me plaindre de mon ſort;
Ah! que mon ame en eſt ravie!
A mon Dieu tu donnes la mort;
Mais ſa mort m'a rendu la vie.

4. C'eſt par toi, c'eſt pour moi que ſon ſang a coulé,
Je dois l'aimer autant qu'il m'aime:
C'eſt pour moi qu'il s'eſt immolé,
Ah! je veux m'immoler de même!

5. Soupirons à jamais, pleurons ce triſte ſort,
Puiſqu'un Dieu meurt, ceſſons de vivre:
C'eſt pour nous qu'il cherche la mort,
Au tombeau nous devons le ſuivre.

6. Mais pourquoi déplorer ſa mort en ce grand jour?
Nous la devons bénir ſans ceſſe:
Répandons des larmes d'amour,
Et non pas des pleurs de triſteſſe.

7. C'eſt pour nous trop aimer qu'il ſouffre le trépas,
Aimons ſans ceſſe un Dieu ſi tendre!
Ah! pourquoi ne nous rendre pas,
Quand ſon ſang nous dit de nous rendre?

8. Que chacun en l'aimant expire ſur la croix,
Qu'on prenne part à ſon ſupplice;
Ses ſoupirs, ſa mourante voix
Nous demandent ce ſacrifice.

9. Dieu charmant, vous vivez & vous mourez pour
C'eſt un exemple qu'il faut ſuivre;   [nous:]
Il nous dit aſſez que pour vous
Nous devons, & mourir, & vivre.

Hiſtoire de la Paſſion du Sauveur.

Sur l'Air : *Je cherche à vous aimer.*

1. COntemplons du Sauveur la cruelle agonie,
Proſterné contre terre, accablé de douleur;
Il va donner ſon ſang pour nous rendre la vie,

Quoi! pourrons-nous, ingrats, lui refuser nos cœurs?

2. On le traîne, on le frappe, on lui crache au visage,
Tous les Juifs à l'envi courent pour l'outrager!
Il n'avoit qu'à parler pour confondre leur rage:
Il se tait, il pardonne, & je veux me venger!

3. On flagelle Jésus, ce spectacle m'effraie,
Il en est accablé, ses tourments font horreur:
Ses os sont découverts, son corps n'est qu'une plaie.
S'il souffre tant de maux, que doit faire un pécheur?

4. Chargé d'un bois pesant, il se traîne au Calvaire,
Voyez-le succomber sous cet énorme poids;
On l'aide, je comprends ce consolant mystère,
Jésus veut qu'avec lui chacun porte sa croix.

5. On l'attache à la Croix, spectacle lamentable!
Il va perdre la vie au milieu des voleurs.
Si le Ciel traite ainsi l'innocent impeccable,
Hélas! que deviendront ceux qui meurent pécheurs?

6. C'en est fait, il expire! à ce spectacle horrible
La nature s'émeut, tout se laisse toucher:
Seul à ce triste objet pourrois-je être insensible?
Serois-je donc plus dur que le plus dur rocher?

7. Dans l'horreur du tombeau Jésus vient de descendre,
Sa mort est mon ouvrage & devient mon appui:
Par cet excès d'amour ne dois-je pas comprendre
Que s'il est mort pour moi, je dois vivre pour lui?

Les Cantiques suivants se chantent depuis Pâques
jusqu'à la Trinité.

Pour le jour de Pâques.

Sur l'Air: *Préparons-nous à la Fête.*

1. AH! que le Ciel à nos vœux est propice!
Après un sanglant sacrifice,
Le Fils de l'Eternel, par un divin effort,
Sort du tombeau, triomphe de la mort.

2. Sur une Croix, Jésus, notre victime,
Voulut expier notre crime;
Mais le troisieme jour il est ressuscité,
Tout éclatant de sa divinité.

E 3

3. Il eſt vainqueur: j'apperçois Madeleine,
Qui ſuit le tranſport qui l'entraîne.
Les gardes qu'on a mis autour de ſon tombeau
L'ont vu briller comme un Soleil nouveau.

4. Ah! que pour nous ſon amour eſt extrême!
Il a ſurmonté la mort même;
Après avoir tiré tous les mortels des fers,
Il a briſé les portes des Enfers.

5. Cruelle mort, triſte fruit de nos crimes,
En vain contre nous tu t'animes,
Celui qui t'a vaincu te chaſſe pour jamais:
Auprès de lui nous allons vivre en paix.

6. O jour heureux, jour rempli d'alégreſſe!
O jour que l'on chante ſans ceſſe!
O le plus beau des jours! ô jour le plus parfait!
O jour enfin que le Seigneur a fait!

Pour le temps de Pâques. Sur l'Air: *O Filii.*

1. SEchez les larmes de vos yeux,
Le Roi de la Terre & des Cieux
Eſt reſſuſcité glorieux. *Alleluia, &c.*

2. Trois Saintes, d'un deſſein pieux,
Vinrent de baume précieux
Oindre le corps du Roi des Cieux. *Alleluia, &c.*

3. Un Ange aſſis, plein de ſplendeur,
Leur dit: conſolez votre cœur;
En Galilée eſt le Seigneur. *Alleluia, &c.*

4. Deux Diſciples, dès le matin,
Etant venus dans le jardin,
Vers le tombeau du Souverain. *Alleluia, &c.*

5. Le Diſciple aimé chérement,
Court devant Pierre promptement,
Vient le premier au monument. *Alleluia, &c.*

6. En ce temps ſaint & glorieux,
Chantons des chants délicieux,
En béniſſant le Roi des Cieux. *Alleluia, &c.*

7. Rendons-lui graces humblement,
Et le prions dévotement
Qu'il nous conduiſe au Firmament. *Alleluia, &c.*

8. Jesus triomphe du trépas,
Marchons sans cesse sur ses pas :
Pourquoi ne le suivons-nous pas? *Alleluia, &c.*

9. Pour célébrer un jour si beau,
Sortons de la nuit du tombeau,
Imitons cet Adam nouveau. *Alleluia, &c.*

10. Pour vivre avec ce Roi des Rois,
Expirons au pied de sa croix,
Que ses exemples soient nos loix. *Alleluia, &c.*

Exhortation à la Jeunesse.

Sur l'Air : *Tout cela m'est indifférent*, ou *Peuples Chrétiens, assemblez-vous.*

1. Heureux, heureux, ô jeunes gens !
Si vous donnez vos premiers ans
A l'étude de la sagesse;
Si renonçant aux plaisirs vains,
Vous n'aimiez, dans votre jeunesse,
Que ce qui peut vous rendre saints !

2. Heureux quand on soumet son cœur
Au joug aimable du Seigneur,
Qu'on le porte dès son enfance,
Et que l'on fait tous ses efforts
Pour conserver son innocence,
Le plus grand de tous les trésors.

3. Ah ! c'est une erreur de penser
Que votre âge doit se passer
Dans la mollesse & dans les vices ;
Que la jeunesse, comme on croit,
Etant faite pour les délices,
A tout crime vous donne droit !

4. Que vous soyez bons ou méchants,
Tels que seront vos jeunes ans,
Telle sera votre vieillesse;
Quelque puisse être le chemin
Où l'on marche dans la jeunesse,
On y marche jusqu'à la fin.

5. Les premieres impressions

Que font sur vous les passions,
Comme sur la cire se tracent ;
Mais il arrive rarement
Que dans la suite elles s'effacent ;
Et toujours difficilement.

6. Prenez garde que du péché,
Sous de fausses couleurs caché,
Le poison dans vous ne se glisse,
Et que des discours séducteurs
Ne vous entraînent dans le vice,
Et qu'ils ne corrompent vos mœurs.

7. Ravir à Dieu vos premiers ans,
Et vouloir dans un autre temps
Vous consacrer à son service :
Ah! c'est vouloir lui présenter
Un cœur corrompu par le vice,
Qu'il aura droit de rejetter !

8. Que dans vos cœurs la pureté,
La sagesse, la piété,
De bonne heure prennent racine ;
Et dans toutes vos actions
Ne suivez que la loi divine,
Et non vos inclinations.

9. A votre Dieu, dès à présent,
Donnez cet âge florissant :
Pourquoi vouloir encore attendre ?
Le temps auquel vous différez,
De vous ne pouvant pas dépendre,
Ah ! savez-vous si vous l'aurez ?

Les Commandements de Dieu. Sur l'Air : **

1. Adore un Dieu qui seul est adorable,
Songe à lui plaire, à l'aimer nuit & jour ;
De tous les biens il est le plus aimable,
Aime le donc du plus parfait amour.

2. Tu pourras bien, pour cause légitime,
Du Créateur attester le saint Nom ;
Mais c'est charger ton ame d'un grand crime
Que de jurer à faux & sans raison.

3. Que le Dimanche aucune œuvre servile
N'occupe un temps que tu dois au Seigneur ;
Mais tout le jour, à ses ordres docile,
Pour le servir redouble ta ferveur.

4. Afin que tout ici-bas te prospere,
Et que le Ciel t'accorde son secours,
Respecte, honore, assiste pere & mere,
C'est le moyen de prolonger tes jours.

5. Fuis l'homicide, évite la vengeance,
N'écoute point une aveugle fureur ;
Car on ne peut se venger d'une offense
Sans usurper les droits d'un Dieu vengeur.

6. Des feux impurs qu'allume la luxure,
Défends ton cœur, & jamais n'y consens ;
Mais le corps chaste & l'ame toujours pure,
Préserve-toi du désordre des sens.

7. Envers autrui sois en tout équitable,
Contre son gré ne lui prends jamais rien ;
D'un crime égal on est toujours coupable,
En retenant injustement son bien.

8. Si l'on t'oblige à rendre témoignage,
Fais-le toujours avec sincérité ;
Et que jamais nul motif ne t'engage
A dire rien contre la vérité.

9. Non-seulement le Seigneur te commande
De t'abstenir d'un coupable plaisir ;
Pour être chaste autant qu'il le demande
Réprime encore jusqu'au moindre désir.

10. Dieu veut aussi que ton ame s'abstienne
De convoiter le bien de ton prochain :
Le désir même est sujet à la peine,
Dont il punit un injuste larcin.

Les Commandements de l'Eglise. Sur l'Air : **

1. FEtes, Dimanches, assiste aux Saints Mysteres,
Sois-y présent & de corps & d'esprit ;
Préfere alors à tes autres affaires
Ce saint devoir que l'Eglise prescrit.

2. Les Fêtes sont par l'Eglise ordonnées ;

Pour honorer le Seigneur & ses Saints ;
Ne souffre point qu'elles soient profanées
Par le travail ou les plaisirs mondains.

3. La clef du Ciel aux Prêtres fut donnée
Pour le fermer & l'ouvrir au pécheur ;
Pour le moins donc une fois chaque année
Vas te jetter aux pieds du Confesseur.

4. Du moins aussi vers la Fête paschale
Approche-toi du céleste banquet ;
Mais prends avant la robe nuptiale,
De tout péché que ton cœur soit bien net.

5. Le jeûne est fait pour te punir toi-même,
Et pour dompter la révolte des sens ;
La loi l'ordonne au saint temps de Carême,
Chaque vigile & tous les quatre-temps.

6. Pour obéir aux ordres de l'Eglise
Ne mange point de chair le Vendredi,
Et hors les lieux où la loi l'autorise ;
N'en mange point aussi le Samedi.

Quatrieme Commandement.

Sur l'Air : *De Joconde*, ou *Gardien de la Virginité*

1. SI vous voulez au vrai bonheur,
   Avec raison prétendre,
Enfants, suivez avec ardeur
La route qu'il faut prendre :
Il faut aimer votre prochain ;
Mais sur-tout Pere & Mere.
Si cette loi vous parle en vain,
Le sang peut-il se taire ?

2. Il faut répondre aux tendres soins
Qu'ils ont pour votre enfance,
Les soulager dans leurs besoins,
Partager leur souffrance ;
Avec zele les secourir,
Quand le malheur les presse ;
Les honorer & les chérir,
Supporter leur foiblesse.

3. Que le Sauveur du genre humain

Vous ſerve de modéle ;
Il vous en montre le chemin ,
C'eſt un guide fidéle :
De l'Eternel il eſt le Fils ,
Le Ciel eſt ſa patrie ,
Et cependant il eſt ſoumis
A Joſeph & Marie.

4. Le pere qu'il vous a donné
Tient ici-bas ſa place :
Si vous l'avez abandonné
N'eſpérez point de grace,
Il ne vous reconnoîtra pas
Au jour de ſa colere ;
Car il traite les fils ingrats
Comme ils traitent leur pere.

Sur la Sincérité. Sur l'Air : *

1. ENfance aimable , ô fleur nouvelle !
   Que j'aime à voir cette candeur !
Cette vertu par-tout eſt belle ;
Mais bien plus dans un jeune cœur.

2. Ah ! chers enfants , dans ce bel âge ,
Trahirez-vous la vérité ?
Vous dont le plus bel apanage
Doit être la ſincérité.

3. O vertu propre de l'enfance ,
Où faudroit-il donc te chercher ,
Si dans l'âge de l'innocence
L'on avoit peine à te trouver ?

4. Dans tous les hommes on déteſte
La feinte & le déguiſement ;
Mais quel préſage plus funeſte ,
S'il ſe trouvoit dans un enfant !

5. Quoi ! des cœurs que la vertu guide ,
Sauroient-ils déjà ſe voiler ?
Connoîtriez-vous l'art perfide
De feindre & de diſſimuler !

6. Un menſonge eſt une baſſeſſe ,
Aux yeux même de la raiſon ,
Qui, ſans cacher votre foibleſſe ,

La rend indigne de pardon.
7. Enfin quand sa laideur extrême
N'engageroit pas à le fuir,
Il offense l'Etre suprême,
Et c'est assez pour le haïr.

Sur la Priere du matin.

Sur l'Air : *On dit par-tout que je cherche, ou Mon bien-aimé.*

1. DÈs le matin, rendons un humble hommage
Au Tout-Puissant, au Dieu qui nous a faits,
Il nous engage, par ses bienfaits,
A le bénir & prendre pour jamais
Son doux amour pour notre heureux partage.

2. Que dans le jour sa divine présence
Rende nos cœurs attentifs à sa voix,
Que rien n'offense ce Roi des Rois,
Mais que soumis à ses aimables loix,
Nous le servions avec reconnoissance.

3. Gardons nos cœurs & nos sens de surprise,
Veillons sans cesse & prions-le toujours,
Qu'il nous conduise, & qu'en nos jours,
De ses bontés rien n'arrêtant le cours,
Nous soyons purs, & rien ne nous séduise.

4. Cherchons le Ciel, mais sans inquiétude,
Quittons la terre, elle est vuide de bien :
C'est-là l'étude du vrai Chrétien,
Et pour celui qui ne désire rien,
Le monde entier n'est qu'une solitude.

5. De nos péchés conservons la mémoire,
Effaçons-les tous les jours par nos pleurs,
Il nous faut boire, comme pécheurs,
Dans le Calice où l'homme de douleurs
But avant nous pour entrer dans sa gloire.

6. Aimons la Croix, Jésus est le modèle
Qu'il nous faut suivre ici-bas, ou périr :
Le vrai fidèle aime à souffrir :
C'est sur la Croix qu'il doit vivre & mourir,
Pour mériter la couronne éternelle.

Pour

Pour la Fête de l'Ascension.

Sur l'Air : *Quel plaifir d'aimer fans contrainte.*

1. DE quel bruit les airs retentiffent,
Mille doux concerts fe réuniffent;
Un célefte Chœur fe fait entendre,
Qu'il a de douceur! rien n'eft plus tendre.

2. Quel éclat nouveau nous enchante!
Dans un jour fi beau que chacun chante:
Jefus monte aux Cieux comblé de gloire;
Qu'on parle en tous lieux de fa victoire.

3. On voit avec lui les Saints Peres,
Il leur fert d'appui dans leurs miferes;
Du fond des Enfers il les amene,
Ils n'ont plus de fers, ni plus de peine.

4. Qu'ils font fatisfaits de leurs larmes!
Une heureufe paix fuit leurs alarmes;
Le plus doux deftin eft leur partage,
Dieu leur rend enfin leur héritage.

5. Ah! pour notre fort, quel préfage!
Il nous montre un port après l'orage;
Contre les Enfers, Dieu nous feconde,
Les Cieux font ouverts pour tout le monde.

6. Mais pour arriver à la gloire,
Il faut s'élever par la victoire;
Trop heureux l'inftant qui nous la donne
C'eft en combattant qu'on fe couronne.

7. Marchons fur les pas d'un Dieu même,
N'abandonnons pas ce Roi fuprême;
S'il fut accablé fous les fouffrances,
Son Pere a comblé fes efpérances.

8. C'eft le feul chemin qu'il faut prendre,
Un Ciel plus ferein nous doit attendre;
Jefus nous conduit, cherchons la gloire,
Le Ciel eft le fruit de la victoire.

Défirs du Ciel. Sur l'Air : *A l'ombre d'un Ormeau.*

1. O Dieu! que doux eft votre empire!
Qu'il a de charmes à mes yeux!
C'eft pour lui que mon cœur foupire,

F

Tout autre objet m'eſt ennuyeux ;
Pour vous, charmant ſéjour,
Je languis nuit & jour.

2. C'eſt trop long-temps, chere Patrie,
Gémir dans la captivité ,
Sous les fers mon ame aſſervie
N'aſpire qu'à l'éternité.
Pour vous, charmant ſéjour, &c.

3. Vos doux attraits, de ma mémoire
Jamais ne feront effacés ;
Loin de vous, immortelle gloire,
Ah ! que nos jours ſont traverſés.
Pour vous, charmant ſéjour, &c.

4. Des biens parfaits ſource féconde,
Vous calmerez tous mes ſoupirs ;
Dans le ſein d'une paix profonde
Vous comblerez tous mes déſirs.
Pour vous, charmant ſéjour, &c.

5. Quand viendra-t-il ce jour aimable
Où vos tréſors ſeront ouverts !
Faudra-t-il, toujours miſérable,
Souffrir les plus affreux revers ?
Pour vous charmant ſéjour , &c.

6. Vous ranimez mon eſpérance ;
Je vous verrai, céleſte cour ;
Des plaiſirs l'heureuſe abondance
Sera le prix de mon amour,
Pour vous, charmant ſéjour, &c.

Pour le jour de la Pentecôte. Sur l'Air :

1. VEnez, Créateur de nos ames,
Eſprit-Saint, qui nous animez,
Brûlez de vos céleſtes flammes
Les cœurs que vous avez formés.
Viſitez-nous, Dieu de lumiere,
Eſprit de conſolation !
Don du Très-Haut, feu ſalutaire,
Amour & divine onction.
2. Vous êtes l'Eſprit de ſageſſe,

Que , Dieu ſous ſept différents noms,
Nous donne , ſelon la promeſſe
Qu'il nous a faite de ſes dons.
Par vous des hommes ſans ſcience
Sont les maîtres de l'univers,
Et vous répandez l'éloquence
Sur la langue des moins diſerts.

3. Sur nos ſens verſez vos lumieres ;
Verſez votre amour en nos cœurs :
Ayez pitié de nos miſeres,
Et comblez-nous de vos faveurs.
Faites-nous triompher du monde,
Ecartez nos ennemis ;
Et d'une paix prompte & profonde
Que nos triomphes ſoient ſuivis.

4. Eſprit-Saint, daignez nous conduire,
Le Démon fuira devant nous ;
Et quoi qu'il faſſe pour nous nuire,
Nous ſaurons éviter ſes coups.
Faites-nous connoître le Pere,
Faites-nous connoître le Fils ;
Et vous même en qui l'on révere
Le ſaint nœud qui les tient unis.

5. A la foi d'un ſi grand Myſtere
Que nos cœurs ſoient toujours ſoumis,
Et qu'en vain la raiſon s'ingere
De l'affoiblir dans nos eſprits.
Rendons honneur à Dieu le Pere,
Comme au Fils & au Saint-Eſprit,
Qui par ſon ſouffle ſalutaire,
Nous purifie & nous inſtruit.

Sur le Sacrement de Confirmation. Sur l'Air :

1. ENfant de Dieu par le Baptême,
J'aſpire à la perfection
Que le Saint-Eſprit, par lui-même,
Donne en la Confirmation.
2. Il faut que tout Chrétien ſurmonte
La chair, le Monde & le Démon :

Il doit fuivre Jefus fans honte,
Sans crainte confeffer fon Nom.

3. Cette force nous eft donnée,
Quand l'Evêque impofe les mains,
Ou qu'il fait l'Onction facrée,
Et qu'il invoque l'Efprit-Saint.

4. Le Chrême fait de baume & d'huile,
Marque l'agréable douceur
Qui fait obferver l'Evangile,
Et répandre fa bonne odeur.

5. La Croix fur le front imprimée,
Marque qu'il n'en faut pas rougir;
D'un foufflet la joue eft frappée
Pour nous apprendre à tout fouffrir.

6. Il faut donc que l'on fe prépare
A recevoir ce Sacrement;
Mais, hélas! mon Dieu, qu'il eft rare
Qu'on s'y prépare dignement.

7. Corrigez le mal que vous faites,
Sachez votre Religion;
Unis de cœur, dans la rettaite,
Perféverez en oraifon.

8. Efprit-Saint, venez dans nos ames,
Eclairez-les de vos rayons;
Brûlez-nous de vos faintes flammes,
Enrichiffez-nous de vos dons.

Depuis la Trinité jufqu'à la Sainte Croix de Septembre.

Pour la Fête de la Très-Sainte Trinité.

Sur l'Air : O facré Paradis !

1. Augufte Trinité, * Adorable Unité,
Indivifible Effence;
Trois Perfonnes n'ont qu'un pouvoir,
Qu'une fageffe & qu'un vouloir,
Qu'une même fubftance.

2. Myftère raviffant! * Le Père tout-puiffant,
Se contemplant foi-même,
Engendre fon Fils, & produit
Avec lui le très-Saint-Efprit,

Acte d'amour suprême.

3. Cette spiration, * & génération,
Pure & continuelle,
N'eut jamais de commencement,
N'aura ni fin ni changement;
Car elle est éternelle.

4. O infinie grandeur, * Hauteur & profondeur,
De l'Essence divine! * Source de bénédictions,
Où toutes les perfections * Prennent leur origine.

5. Doux Océan profond,
Et sans borne & sans fond,
Ne te pouvant comprendre,
Je viens dans tes flots m'engloutir,
Et je n'en veux jamais sortir;
Mais tout à toi me rendre.

Pour la Fête-Dieu, à la Procession.

Sur l'Air : *Des Pellerins de Saint Jacques.*

1. CHantons le Mystere adorable
    De ce grand jour;
Chantons le don inestimable
    Du Dieu d'amour.
A seconder nos saints accords,
    Que tout s'empresse;
Qu'au loin tout éclate en transports
    D'une vive alégresse.

2. Que l'éclat, la magnificence
    Ornent ces lieux;
Que tout adore la présence
    Du Roi des Cieux;
Que pour répondre à ses faveurs,
    Sur son passage,
Nos voix, nos ames, & nos cœurs,
    Lui rendent leur hommage.

3. Ce Dieu toujours plein de tendresse
    Pour les Mortels,
S'immole en leur faveur sans cesse,
    Sur nos Autels.

E 3

Peu content d'un bienfait fi doux,
   L'amour l'engage
A fe donner lui-même à nous,
   Souvent & fans partage.

4. Honneur, amour, louange & gloire
   Au Dieu Sauveur !.
Qu'à jamais vive fa mémoire
   Dans notre cœur.
Aimons-le fans fin, fans retour,
   Plus que nous-même ;
Et payons fon excès d'amour
   Par un amour extrême.

5. Confacrez-lui vos voix naiffantes,
   Tendres Enfants,
Et de vos ames innocentes,
   Le doux Encens.
On doit l'aimer dans tous les temps,
   Dans tous les âges,
Mais fur-tout des jours innocents
   Il aime les louanges.

6. Divin Jefus, beauté fuprême,
   Comblez nos vœux,
Venez dans nous, venez vous-même
   Nous rendre heureux.
Daignez, grand Dieu ! de vos bienfaits
   Remplir nos ames.
Qu'elles ne brûlent déformais,
   Que de vos faintes flammes.

Sentiments d'amour envers Jefus.

Sur un Air connu.

1. O Mon bon Jefus ! mon ame vous défire.
   Du fond de mon cœur après vous je foupire.
O mon bon Jefus ! ô mon cher amour !
Régnez dans mon cœur la nuit & le jour.

2. O divin Jefus ! Epoux des chaftes ames,
Embrafez nos cœurs de vos divines flammes,
O mon bon Jefus , &c.

3. O célefte Amant ! vous êtes admirable,

Je vous reconnois infiniment aimable. O mon, &c.

4. Si votre beauté, mon Sauveur, est charmante,
Votre charité n'est pas moins ravissante. O mon, &c.

5. Bienheureux Martyrs, que je vous porte envie,
D'avoir pour Jesus immolé votre vie. O mon, &c.

6. Quand s'accomplira le bonheur où j'aspire,
De pouvoir souffrir pour mon Dieu le martyre!
O mon bon Jesus, &c.

7. Si je n'atteins pas à ce bonheur extrême,
Pour le moins, Seigneur, que je meure à moi-même.
O mon bon Jesus, &c.

8. Car mourir à soi, c'est commencer de vivre,
Et le vrai moyen, mon Jesus, de vous suivre.
O mon bon Jesus, &c.

9. Quand viendra le jour qu'accompagné des Anges,
Nous vous donnerons mille & mille louanges.
O mon bon Jesus, &c.

10. Vivons donc pour vous, & que chacun s'écrie,
Vive mon Jesus, & vive aussi Marie.
O mon bon Jesus, &c.

Actes pour la sainte Communion.

Sur l'Air : *Petits Oiseaux, rassûrez-vous.*

1. Divin Agneau, qui sur l'Autel
Vous immolez pour un coupable,
Et qui daignez à votre table,
Inviter un ingrat mortel !
Ah ! quel amour ! qu'il est extrême !
Je n'en saurois exprimer la grandeur !
Vous allez m'élever au comble du bonheur !
Dans ce sacré banquet vous vous donnez vous-même !

Acte de Foi.

2. C'est à la foi que j'ai recours
Pour croire ce profond mystere,
C'est la foi seule qui m'éclaire,
Je ne vois que par son secours :
Elle seule me fait entendre,
Que sous ce voile à mes yeux présenté
Vous cachez votre corps, votre Divinité.

Grand Dieu ! que de bienfaits fur moi vont fe répandre?

Acte d'Humilité.

3. Je fuis faifi d'un faint effroi;
Le Roi du Ciel & de la Terre,
Le Dieu qui lance fon Tonnerre,
Aujourd'hui daigne entrer dans moi :
Comblé des biens que vous me faites,
Loin de m'enfler d'un fort fi glorieux,
Je confeffe, ô mon Dieu ! mon néant à vos yeux;
Et je connois auffi, Seigneur, ce que vous êtes.

Acte d'Amour.

4. Tout parle ici de votre amour,
Tout y montre votre tendreffe;
Tout nous invite, tout nous preffe
A vous marquer un faint retour.
Le même amour vous facrifie,
Et me fait voir comme il faut vous aimer :
De la plus vive ardeur c'eft peu de m'enflammer,
Je dois encore pour vous cent fois donner ma vie.

Acte de Remerciement.

5. Par quel honneur, par quel encens
A tant de biens puis-je répondre?
Ici tout fert à me confondre.
Mes refpects font trop impuiffants:
Eternifez dans ma mémoire
Le fort heureux que m'a fait votre amour;
Achevez mon bonheur, & m'accordez un jour
De bénir votre Nom dans le fein de la gloire.

***

Tendre Sentiment d'un Chrétien, de recevoir le Sacre-
ment de l'Euchariftie.

Sur l'Air : *Je ne veux de Tircis, &c.*

1. QUe de biens à la fois m'accorde mon Sauveur!
Ces lieux font pleins de fa préfence,
Cet Autel n'attend que mon cœur;
Mon bonheur éternel commence.

2. Dieu s'immole pour moi par un excès d'amour,
Il faut pour lui que je m'immole:
Je lui dois ce tendre retour,

A l'Autel il faut que je vole.

3. Son Sang coule pour moi, ce Sang si précieux,
Par qui j'ai vu laver mon crime:
Je reçois la manne des Cieux;
L'Agneau saint devient ma victime.

4. L'Eternel dans mon sein, répand tous ses trésors:
Par ces trésors mon ame est pure;
Il me donne son propre corps!
Pour mon cœur quelle nourriture.

5. Mon bonheur est si grand qu'il me fait oublier,
Et ma naissance, & ma bassesse:
Tout conspire à m'humilier;
Mais un Dieu soutient ma foiblesse.

6. Quand son corps me nourrit, je ne suis plus
Tu disparois, foiblesse humaine (mortel,)
Quand je suis au pied de d'Autel,
Vers le ciel mon amour m'entraîne.

7. O miracle d'amour! ô comble de bonheur!
Quel sort au mien est comparable!
Je reçois en moi mon Sauveur,
Eh! quel bien est plus désirable!

8. Je ne veux plus aimer que ce suprême bien,
Mon cœur renonce à tout le reste:
C'est le sort d'un parfait Chrétien,
De n'aimer rien que de céleste.

En l'honneur du sacré Cœur de Jesus.

Sur l'Air : *Bénissez le Seigneur suprême.*

1. Cœur de Jesus, cœur adorable,
Sublime objet de mon amour,
Daignez recevoir en ce jour
Les vœux d'un cœur coupable.

2. Esclave d'une folle ivresse,
J'ai trop méconnu vos attraits;
Je veux vous rendre désormais
Tendresse pour tendresse.

3. Que l'incrédule, que l'impie,
Insulte à mes saintes ardeurs;
Ses vains mépris font mes grandeurs,

Mon amour & ma vie.

4. O Cœur facré, fource féconde,
Source des biens les plus parfaits,
Tout me retrace vos bienfaits,
Ils rempliffent le monde !

5. Cœur divin, percé par la lance,
Ou plutôt par un trait d'amour,
Soyez à jamais mon féjour,
Ma joie & ma défenfe.

6. O Cœur dont la tendreffe immenfe
A tant fait pour l'humanité !
D'un Dieu juftement irrité,
Détournez la vengeance.

7. En vous tout notre efpoir fe fonde,
Cultivez, enflammez nos cœurs;
Votre amour nous rendra vainqueurs
De l'Enfer & du monde.

Pour renouveller les promeffes du Baptême.

Sur l'Air : **

1. JE viens, mon Dieu, ratifier moi-même
      Ce que pour moi l'on promit autrefois ;
Engagements pour moi pris au Baptême,
Je veux vous prendre aujourd'hui de mon choix.

2. Je te renonce, ô Prince tyrannique !
Cruel Satan, injufte ufurpateur,
Je te détefte ; & mon défir unique
Eft d'obéir aux loix du Créateur.

3. A tes défirs je ne veux pas me rendre ;
Pour m'y porter tes foins font furperflus :
Jamais fur moi tu n'as rien à prétendre,
Retire-toi, je ne t'appartiens plus.

4. Je te renonce, ô péché détestable !
Poifon mortel, malgré tous tes attraits :
Oui, pour te rendre à mon cœur haïffable,
Il me fuffit qu'à mon Dieu tu déplais.

5. Plutôt mourir, monde impur, que de vivre
Selon tes loix & tes perverfes mœurs :
Ce que toujours mon ame prétend fuivre,

C'est l'Evangile & ses douces rigueurs.

6. De tout mon cœur, mon Dieu, je renouvelle
L'engagement que j'ai pris pour toujours ;
Et je prétends être à jamais fidele
A le garder, avec votre secours.

7. Vous m'avez mis au rang inestimable
De vos enfants, ô Pere Tout-Puissant !
Je veux pour vous, ô Pere tout aimable,
Avoir la crainte & l'amour d'un enfant.

8. Divin Jesus, je promets de vous suivre ;
D'être à vous seul je me fais une loi.
Non, ce n'est plus pour moi que je veux vivre ;
Comme mon chef, vous seul vivez en moi.

Les avantages de la sainte Vertu de Pureté.

Sur l'Air : *Petite Inhumaine, &c. ou D'un Amour extrême.*

1. O Qu'une ame est belle !
Quand elle est à Dieu fidelle,
Et pour toi pleine de zèle,
Divine pudeur !
Trésor admirable, * Don incomparable,
Que tu fus aimable Aux yeux du Seigneur !

2. O bien ineffable !
Dans un corps si misérable,
Par toi l'homme est fait semblable
A de purs Esprits.
Heureux qui désire * Ton céleste empire,
Qui pour toi soupire, * O vertu sans prix !

3. Fuyons donc sans cesse,
Fuyons tout ce qui la blesse ;
Sur-tout vous, chere jeunesse,
Vivez chastement.
Hélas ! quel naufrage * Ne fait point votre âge,
Quand, foible, il s'engage dans l'égarement !

4. Qu'une impure flamme
Jamais n'entre dans votre ame ;
Que jusqu'à son ombre infâme
Vous soit en horreur.
O vice exécrable ! * Vice abominable,

Poison détestable, * Fuis loin de nos cœurs.
  5. Dieu seul, sa présence,
    La fuite, la vigilance,
    Le travail, la tempérance,
    Font votre secours.
L'ame qui souhaite * La pudeur parfaite,
Cherche la retraite : * Gardez-la toujours.

Paraphrase du Magnificat.

Sur un air connu.

1. UN Ange ayant dit à Marie,
   Qu'elle concevroit Jesus-Christ,
Et que ce divin fruit de vie
Seroit l'œuvre du Saint-Esprit ;
    Toute ravie,
Elle éleva la voix, & dit :
  Magnificat anima mea Dominum.
  Et exultavit spiritus meus.

2. Quand je contemple ce mystere,
Et mon ineffable bonheur
De devenir ainsi la Mere
De mon Dieu, de mon Créateur ;
    Puis-je me taire ?
Eclatez, transports de mon cœur !
  In Deo salutari meo.
  Quia respexit humilitatem ancillæ suæ.

3. Je m'étois toujours conservée
Dans la plus humble obscurité ;
Mais, Dieu qui m'a favorisée,
M'honore d'une dignité, chere
    Si relevée,
Sans jamais l'avoir mérité. *
  Ecce enim ex hoc beatam me dicent omnes gene-
rationes.
  Quia fecit mihi magna qui potens est.

4. Dieu, qui peut tout, pouvoit-il faire
A mon égard rien de plus grand
Tout ensemble, Etre Vierge & Mere

Que ce prodige est surprenant !
                    Je le révere,
Et j'en bénis le Tout-Puissant.
    Et sanctum nomen ejus.
    Et misericordia ejus à progenie in progenies.
    5. En voyant la misere extrême
Où les hommes étoient réduits,
Pour montrer combien il nous aime,
Il nous donne son propre Fils.
                    Le Fils lui-même,
De nos ames se fait le prix.
    Timentibus eum.
    Fecit potentiam in brachio suo.
    6. S'il fait éclater sa puissance,
Si du glaive il arme son bras,
C'est pour réprimer l'insolence
Des superbes & des ingrats.
                    Leur arrogance,
Contre ses coups ne tiendra pas.
    Disperfit superbos mente cordis sui.
    Depofuit potentes de fede.
    7. Nous voyons qu'il n'a point fait grace
A ces Esprits présomptueux,
Qui par une orgueilleuse audace,
Vouloient régner comme des Dieux.
                    Loin de sa face,
Il les a tous chassés des Cieux.
    Et exaltavit humiles
    Esurientes implevit bonis.
    8. N'envions point cette abondance,
Où le riche met son bonheur ;
Que le pauvre, avec confiance,
S'abandonne aux soins du Seigneur ;
                    De l'indigence
Il fut toujours le protecteur.
    Et divites dimisit inanes.
    Suscepit Israël puerum suum.
    9. Reconnoissons, d'un cœur sincere,
Les dons d'un Dieu qui nous chérit :
Pour finir l'extrême misere

Où nous avions long-temps gémi,
Il vient en pere
Et porte la paix avec lui ;
Recordatus misericordiæ suæ.
Sicut locutus est ad patres nostros.
10. S'il vient sur nous de sa tendresse
Répandre les dons bienfaisants,
C'est pour nous combler d'alégresse
Et remplir les engagements
De la promesse
Qu'il fit à nos premiers parents,
Abraham & semini ejus in secula.
Gloria Patri & Filio
11. Ne perdons jamais la mémoire,
Ni l'estime de ses faveurs
Si nous remportons la victoire
Sur les ennemis de nos cœurs,
Rendons-en gloire
Au Pere, & au Fils même honneur,
Et Spiritui Sancto
Sicut erat in principio & nunc & semper.
12. Si dans le temps ce divin Maître,
Sous les traits de l'humanité,
Sur la terre a daigné paroître,
C'est son ineffable bonté
Qui l'a fait naître,
Quoique Dieu dans l'Eternité,
Et in secula seeulorum. Amen.

Sur l'Amour de Dieu.

Sur l'Air : *Brulons d'ardeur ;* ou *Que vous dirai-je,*
Maman ?

1. A Mour divin, brûlez nos ames,
   Amour divin, régnez sans fin,
Faites si bien sentir vos flammes
Que l'on n'aime plus rien d'humain,
Amour divin, brûlez nos ames,
Amour divin, régnez sans fin.
   2. Loin de nos cœurs, amour du monde,

75

Loin de nos cœurs, vaines ardeurs:
Vous êtes la source féconde
De tout ce qu'on voit de malheurs. Loin, &c.

3. Il n'est qu'un bien, qui soit aimable,
Il n'est qu'un bien pour un Chrétien :
Ce bien est à jamais durable ;
Tout autre dure moins que rien. Il n'est, &c.

4. Bien précieux, bien plein de charmes,
Bien précieux, tu viens des Cieux ;
Tu ne nous causes pas d'alarmes
Comme les biens de ces bas lieux. Bien, &c.

5. N'aimez que lui, troupe fidelle,
N'aimez que lui, dès aujourd'hui ;
Courez à la gloire éternelle,
Ce Dieu vous promet son appui. N'aimez, &c.

6. Heureux cent fois qui suit ses traces,
Heureux cent fois qui suit ses loix.
Que son amour répand de graces !
Ses serviteurs valent des rois ! Heureux, &c.

Dispositions de charité, envers le prochain. Sur l'Air : *

1. O Charité, vertu si chere,
Aux yeux de Jésus mon Sauveur !
Que votre feu toujours m'éclaire,
Qu'il guide ma langue & mon cœur.

2. Disparoissez, humeur fâcheuse,
Disparoissez, soupçons jaloux ;
Régnez sur moi, douceur heureuse,
Qui faites bien penser de tous.

3. Si je vois quelque trait blâmable,
Je me garderai de juger ;
Du côté le plus favorable
Je veux toujours l'envisager.

4. Les torts, les défauts, les miseres,
Dans autrui ne m'aigriront plus ;
Portant les fardeaux de mes freres,
J'accomplis la loi de Jésus.

5. Si quelque personne me blesse,
J'éviterai de me venger ;

G 2

Même à pardonner sa foiblesse,
Je veux, Seigneur, vous engager.
 6. Si j'aimois seulement qui m'aime,
Ce seroit n'être que païen ;
J'aimerai mon ennemi même,
Alors je serai vrai Chrétien.
 7. Par une parole indiscrette
Voudrois-je attaquer les absens ?
Non, non, je sais que Dieu rejette
Avec horreur les médisants.
 8. A l'imprudence de ma bouche
Daignez, ô mon Dieu ! mettre un frein ;
Et ne souffrez pas qu'elle touche
Jamais à l'honneur du prochain.
 9. Loin d'applaudir à la malice
D'un discours critique & mordant,
Je croirai m'en rendre complice,
Si je m'y plais en l'écoutant.
 10. Qu'il vaut bien mieux, dans le silence,
Seigneur, méditer votre amour !
Par-là dans l'heureuse innocence
Je verrai couler chaque jour.

La Madeleine aux pieds de Jesus-Christ.

Sur l'Air : Vous brillez seule.

1. Divin objet de ma tendresse,
Je ne veux plus soupirer que pour vous ;
Voyez le beau feu qui me presse,
Répondez (bis) à des vœux si doux.
 2. Voyez la tendre Madeleine :
A vos genoux son amour la conduit.
Vers vous votre grace l'entraîne,
Elle sort (bis) d'une sombre nuit.
 3. Je n'ai que trop aimé le monde,
Je fus aveugle en faisant un tel choix :
De biens source pure & féconde,
C'est vous seul (bis) dont je suis les Loix.
 4. Voyez couler mes tristes larmes,
Prêtez l'oreille à mes tendres soupirs :

Pour moi si le monde eut des charmes,
Vous ferez (*bis*) mes derniers plaisirs.

5. Je suis à vous, Maître adorable :
C'est à vous seul de régner dans mon cœur ;
Ce cœur ne fut que trop coupable
De brûler (*bis*) de toute autre ardeur.

6. Pardonnez-moi cette foiblesse ;
De vains plaisirs avoient su me charmer.
Je cede au beau trait qui me blesse :
C'est vous seul (*bis*) que je veux aimer.

7. Vous m'écoutez, Dieu de clémence ;
Vous n'avez plus de regards ennemis :
Mon ame reprend l'esperance,
Elle voit (*bis*) ses péchés remis.

8. Elle n'a plus aucune ordure :
Qu'à vous aimer elle trouve d'appas !
Afin qu'elle soit toujours pure,
A jamais (*bis*) je suivrai vos pas.

Exhortation à la Jeunesse.

Sur l'Air : *Or, nous dites, Marie,* ou *Seigneur, Dieu de clémence.*

1. LE temps de la jeunesse * Passe comme une fleur ;
Hâtez-vous, le temps presse,
Donnez-vous au Seigneur. * N'attendez point cet âge
Où les hommes n'ont plus * Ni force, ni courage
Pour les grandes vertus.

2. Que de pleurs, que de larmes
Fait verser au trépas * Ce monde dont les charmes
Nous trompent ici bas ! * D'agréables promesses
Il nous flatte d'abord, * Mais ses fausses caresses
Ne donnent que la mort.

3. Eussions-nous en partage * Le sort le plus flatteur,
Seroit-ce un avantage, * Sans l'amour du Seigneur ?
Quelle folie extrême ! * Gagner tout l'Univers,
Et se livrer soi-même * Aux tourments des Enfers !

4. Si le monde s'offense, * Méprisez son courroux ;
Dieu veut la préférence, * Il s'en montre jaloux.
Si sa bonté suprême * A pour nous tant d'ardeur,

Il faut l'aimer de même, * Sans partager son cœur.

5. N'osez pas vous promettre * De vivre longüement ;
Chaque moment peut être * Votre dernier moment.
Craignez que de la grace * Dieu n'arrête le cours,
Qu'un autre à votre place * Ne soit mis pour toujours !

6. Quand une fois au crime * L'on aime à consentir,
Hélas ! c'est un abyme, * On n'en peut plus sortir :
Il n'est rien de si rude * Que de se détacher
De la longue habitude * Qu'on s'est fait de pécher.

7. Offrez donc les prémices * De l'âge florissant ;
Consacrez vos services * Au Seigneur tout-puissant :
De cet aimable Maître * Vous ne tenez le jour
Qu'afin de le connoître * Et vivre en son amour.

La vanité des choses mondaines.

Sur l'Air : *Militaire, du drapeau.*

1. Tout n'est que vanité,
Mensonge, fragilité,
Dans tous ces objets divers,
Qu'offre à nos regards l'univers :
Tous ces brillants dehors,   Cette pompe
Ces biens, ces trésors,   Tout nous trompe,
Tout nous éblouit ;
Mais tout nous échappe, & tout fuit.

2. Telles qu'on voit les fleurs,
Avec leurs vives couleurs,
Eclore, s'épanouir,
Se faner, tomber & périr :
Tel est des vains attraits   Le partage,
Tels l'éclat, les traits   Du bel âge,
Après quelques jours,
Perdent leur beauté pour toujours.

3. En vain pour être heureux,
Le jeune voluptueux
Se plonge dans les douceurs
Qu'offrent les mondains séducteurs :
Plus il suit les plaisirs   Qui l'enchantent,
Et moins ses désirs   Se contentent ;

Le bonheur le fuit
A mesure qu'il le poursuit.
4. J'ai vu l'impie heureux
Porter son air fastueux
Et son front audacieux
Au-dessus du cedre orgueilleux.
Au loin tout révéroit   Sa puissance,
Et tout adoroit   Sa présence.
  Je passe, & soudain
Il n'est plus; je le cherche en vain.
  5. La mort, dans son courroux,
Disperse à son gré ses coups,
N'épargne ni le haut rang,
Ni l'éclat auguste du sang :
Tout doit un jour mourir,   Tout succombe,
Tout doit s'engloutir   Dans la tombe.
  Les Sujets, les Rois,
Iront s'y confondre à la fois.
  6. O combien malheureux
Est l'homme présomptueux,
Qui dans ce monde trompeur
Croit pouvoir trouver son bonheur !
Dieu seul est immortel,   Immuable,
Seul grand, éternel,   Seul aimable :
  Avec son secours,
Soyons à lui seul pour toujours.

Pour le jour de la Dédicace de l'Eglise. Sur l'Air :

1. L'Impie a profané les Temples,
  Leve-toi, bras de l'Eternel.
Frappe : que d'éclatans exemples
Epouvantent le criminel.
Autrefois la juste colere
Châtia des profanateurs ;
Sur qui tombera ton tonnerre,
Sinon sur leurs imitateurs ?

  2. Quoi ! l'homme, ô forfait mémorable !
L'homme à Dieu manque de respect,
Dans ce Tabernacle adorable,

Où l'Ange tremble à son aspect.
Des Rois redoutant la puissance,
Chez eux il n'ose pénétrer ;
Sous l'étendard de l'indécence
Au Temple il ne craint pas d'entrer.

3. Dans ce Temple dépositaire,
Non de l'Arche que les Hébreux
Eprouverent si salutaire
Dans un siecle plus ténébreux ;
Mais de Jesus-Christ invisible,
Qui des Enfers nous rend vainqueurs,
Et que la foi rendroit sensible,
Si la foi vivoit dans nos cœurs.

4. Parcourons l'indien rivage,
Allons jusques dans l'Indoustan ;
Au péril d'un triste esclavage
Cherchons l'aveugle Musulman.
Leur dévotion est extrême,
Dans un temple où regne l'erreur :
Et le nôtre, où regne Dieu même,
Est un scandale plein d'horreur !

5. Chrétiens, si ton ame méprise
Un Pere, un Dieu plein de grandeur,
Si sa présence en nos Eglises
Ne peut exciter ton ardeur ;
Si tu n'es épris de sa gloire,
Si son nom n'inspire l'effroi,
Rappelle au moins à ta mémoire
Ce que son amour fit pour toi.

6. Regarde donc, ingrat, regarde
Les gages d'un bien précieux,
Rassemblés ici sous la garde
Des Anges cachés à nos yeux.
Quoi ! cette croix & ce calice,
Quoi ! les bienfaits de ton Sauveur,
Quoi ! cet auguste sacrifice
Ne ranime point ta ferveur !

7. Toi, mondain, qui me scandalises,
Que dois-je augurer de ta foi ?
Où la chercher, si nos Eglises
Ne la présentent point à moi ?
Dieu doit-il venir sur la terre,
Tel qu'il parût sur le Thabor ?
Est-ce donc un coup de tonnerre
Qui doit signaler son abord ?

8. Pour le nom Chrétien quelle honte !
Hâtons-nous de l'en affranchir,
Dieu, quand la pénitence est prompte,
Est prompt à se laisser fléchir ;
Mais plus tard, que devient l'impie ?
Il tombe sous son bras vengeur :
Comme Antiochus il expie
Du Temple saint le déshonneur.

Le Saint Sacrifice de la Messe.

Sur l'Air : * * *, ou *Il faut que je file, file.*

1. O Victime, qui t'immoles,
Pour le bien de l'univers !
Pur Agneau, qui me consoles,
Parmi tant de maux divers :
Que mes vœux & mes paroles
Forment les plus doux concerts !

2. Que je chante la tendresse
Que ton cœur ressent pour moi ;
Que mon ame s'intéresse
Aux bienfaits que je reçois.
Je te veux aimer sans cesse,
Et ne veux aimer que toi.

3. Adorable Sacrifice,
Que je vois sur cet Autel ;
Tu me rends le Ciel propice,
Tu défends un criminel.
Quand il faut que je périsse
Tu suspends le coup mortel.

4. Quelle gloire pour le monde,

Un Dieu vient s'offrir pour lui !
Sa tendresse sans seconde
L'a rendu son seul appuj,
Qu'à sa grace tout réponde,
Commençons dès aujourd'hui.

5. O victime toute aimable,
Ton corps est notre aliment !
Ton sang coule sur la table :
Aime-t-on plus tendrement ?
O tendresse incomparable !
O Jesus, parfait amant !

6. Que j'adore ce Mystere !
D'où me viennent tant de biens ?
Le Ciel calme sa colere,
Mon Dieu brise mes liens.
Dans mon Dieu je trouve un Pere :
Tel est le Dieu des Chrétiens.

7. Que le reste de la terre
Soit jaloux de notre sort ;
Un Dieu quitte son tonnerre,
Et ne suit qu'un doux transport.
A l'Enfer il fait la guerre,
Pour nous sauver de la mort.

8. Sa justice redoutable
Veut en vain nous perdre tous ;
Sa tendresse favorable
Nous dérobe à son courroux.
Notre pere fut coupable,
Notre Dieu s'offre pour nous.

9. Que l'on chante, que l'on aime
L'adorable Rédempteur ;
Puisqu'il se donne lui-même,
Qu'on réponde à son ardeur ;
Qu'à jamais ce Roi suprême
Regne seul dans notre cœur.

En l'honneur de Saint Cassien, Martyr.

Sur l'Air : *De Joconde*, ou *Gardien de la Virginité*,
ou *Enfants, gravez.*

1. CHantons un Saint qui des Tyrans
Brave la loi cruelle :
Pour les petits & pour les grands,
C'est un parfait modele.
Dans le dessein de l'imiter,
Que chacun le contemple ;
Rien ne peut mieux nous exciter
Qu'un si brillant exemple.

2. C'est Cassien que nous chantons ;
Qu'en ces lieux il revive,
Que chacun prête à ses leçons,
Une oreille attentive.
Répondons à ses soins pieux,
Quels fruits ils vont produire !
Chrétiens, c'est au séjour des Cieux,
Qu'il prétend vous conduire.

3. La foi qu'il prêche hautement,
Parmi des Idolâtres,
Ouvre à son saint empressement
Le plus beau des Théâtres :
Ennemis du Dieu des Chrétiens,
Votre rage est barbare,
Vous deviendrez bientôt les siens,
Et sa mort se prépare.

4. O tourment des plus inouïs !
Que son cœur en soupire !
Sous les coups de ses chers amis,
Le saint Martyr expire !
Choisis pour être ses bourreaux,
Quelle fureur extrême !
Leurs traits déchirent par lambeaux
Un pere qui les aime.

5. De ses éleves si chéris,
La troupe l'environne ;
Il en reçoit la mort pour prix,

Ou plutôt la couronne.
Par les plus généreux désirs,
Pour eux il s'intéresse ;
Et jusqu'à ses derniers soupirs,
Il marque sa tendresse.

Exhortation à la Jeunesse.

6. Enfants dont nous guidons les pas,
Troupe à nos yeux aimable ;
Ne suivez point de ces ingrats
L'exemple détestable :
Soyez, pour qui vous mene au port,
Enfants d'obéissance ;
N'attirez pas un mauvais sort,
Par votre résistance.

Sur l'Assomption de la Très-Sainte Vierge.

Sur un Air de trompette.

CHantons la Reine des Cieux,
Que l'excès de l'amour
Fait triompher en ce jour ;
Chantons la Reine des Cieux,
Qu'on l'honore & qu'on l'aime en tous lieux.
De nos chants divers * Remplissons les airs,
Que tout l'Univers
Réponde à nos doux Concerts ;
De nos chants divers * Remplissons les airs,
Inventons même de nouveaux airs.

2. Enfin l'hiver est passé,
Les glaçons sont fondus,
Et les vents ne soufflent plus.
Enfin l'hiver est passé,
La tempête & l'orage ont cessé.
Vierge de douleurs, * Les cris & les pleurs,
Font place aux douceurs
Dont vous comble le Seigneur ;
Vierge de douleurs, * Les cris & les pleurs
Ne sauroient plus troubler votre cœur.

3. Voyez, filles de Sion,

Sur un char enflammé,
La Mere du Bien-Aimé,
Voyez, filles de Sion,
Et chantez en cette occasion:
Quel Astre vivant, * Si beau, si brillant,
Sort du monument,
Et s'éleve au firmament !
Quel astre vivant, * Si beau, si brillant,
Nous éclaire en cet heureux moment !

4. Venez, ma mere & ma sœur,
Ma colombe, venez,
Mes biens vous sont destinés ;
Venez, ma mere & ma sœur,
Hâtez-vous, lui dit son doux Sauveur,
Entrez dans ma paix, * Régnez à jamais :
Que tous vos souhaits
Soient accomplis désormais ;
Entrez dans ma paix, * Régnez à jamais,
Possédez ma grace & mes bienfaits.

5. Daignez, Marie, en ce jour,
Ecouter nos soupirs,
Et seconder nos désirs ;
Daignez, Marie, en ce jour,
Agréer nos vœux & nos amours :
Devant le Dieu fort, * Plaignez notre sort,
Dans un saint transport,
Accourez à notre mort ;
Devant le Dieu fort, * Plaignez notre sort,
Conduisez-nous tous à l'heureux port.

Sur le Sacré Cœur de Marie.

Sur l'Air : *Votre cœur, aimable Aurore.*

1. Votre cœur, aimable Reine,
Anime nos foibles voix ;
Plus Mere que Souveraine,
Vous faites chérir vos loix :
Votre cœur, aimable Reine,
Anime nos foibles voix.

2. Cœur puissant, cœur admirable,

H

Je mets en vous mon espoir ;
Votre amour inexprimable,
Egale votre pouvoir. Cœur puissant, &c.

3. Pour mon cœur ce cœur sincere
Fut percé d'un trait mortel ;
Que l'amour, divine Mere,
M'immole sur votre Autel. Pour, &c.

4. Que ce cœur, Vierge chérie,
A nos cœurs offre d'appas !
Son amour nous rend la vie,
Au sein même du trépas. Que ce, &c.

5. De ce cœur incomparable,
L'amour termina vos jours ;
Qu'une mort si désirable,
De mes ans borne le cours ! De ce cœur, &c.

6. Quel éclat dans la nature
Approche de sa beauté ?
Lys brillant, ta blancheur pure
Le cede à sa pureté. Quel éclat, &c.

7. Trop long-tems je fus rebelle
A vos célestes ardeurs ;
Chaste cœur, mon cœur fidele
Cede à vos charmes vainqueurs. Trop, &c.

8. Oui, mon cœur vous rend les armes,
Vous avez comblé ses vœux ;
L'amour fait couler mes larmes,
O que mon sort est heureux !
Oui, mon cœur vous rend les armes,
Vous avez comblé ses vœux.

Sur les Litanies de la Très-Sainte Vierge.

Sur l'Air : *On n'aime point dans nos forêts,* ou
Dirai-je mon Confiteor ?

1. DIeu Tout-Puissant, Dieu de bonté,
Qui connoissez notre misere ;
Touché de notre infirmité,
Mettez fin à votre colere ;
Nous mettons notre espoir en vous ;
Seigneur, ayez pitié de nous.

2. Jesus, qui régnez dans les Cieux,
Faites-nous part de vos délices ;
Accordez ce fruit précieux
Plutôt à vous qu'à nos services :
Jesus, entendez nos soupirs,
Jesus, exaucez nos désirs.

3. Marie, ô miroir de pudeur !
Et des Vierges la protectrice ;
Comme nous avons le bonheur,
D'être admis à votre service,
Nous avons tous recours à vous :
Sainte Vierge, priez pour nous.

4. Merveille de fidélité,
Parfait miracle de prudence ;
Vous avez toute autorité,
Vous n'avez pas moins de clémence. Nous, &c.

5. Cause aimable de nos plaisirs,
Rare modele de justice ;
Avocate de nos désirs,
Faites que Dieu nous soit propice. Nous, &c.

6. Vaisseau rempli de sainteté,
Vase d'un prix inestimable ;
Vaisseau que la Divinité
Nous rend à jamais honorable, Nous, &c.

7. Rose mystique, Palais d'or,
Tour de David inébranlable,
Tour d'ivoire, riche trésor,
En qui tout est incomparable, Nous, &c.

8. Arche d'alliance & d'amour,
Astre du matin, claire étoile,
Porte de cet heureux séjour
Où Dieu se découvre sans voile, Nous, &c.

9. Source ineffable de tous biens,
Puissant refuge des coupables,
Secours assuré des Chrétiens,
Soulagement des misérables, Nous, &c.

10. Reine de la terre & des Cieux,
Des Patriarches, des Prophetes,
De tant d'Apôtres glorieux,
De tant de généreux Athletes, Nous, &c.

11. Reine, à qui tous les Confesseurs
Doivent l'honneur de leur victoire ;
Reine, à qui tous les chastes cœurs,
Et tous les Saints doivent leur Gloire, Nous, &c.

12. Agneau de Dieu, dont la bonté
Vous a fait charger de nos crimes,
Pour calmer un peuple irrité,
Nous n'avons point d'autre victime ;
Nous mettons notre espoir en vous,
Divin Jesus, pardonnez-nous.

Le vrai bonheur n'est point sur la terre.

Sur l'Air : *Ingrat berger.*

1. ENtendrons-nous chanter toujours
    Des beautés périssables,
Des faux plaisirs, de vains amours,
    Passagers & coupables ?
Songes brillants, beaux jours perdus,
Beaux jours, vous ne reviendrez plus.

2. Nous passons d'erreurs en regrets
    De mensonge en folie ;
Hélas ! nous ne vivons jamais,
    Nous attendons la vie.
Et l'espoir qui suit les désirs,
Est plus trompeur que les plaisirs.

3. L'amertume est dans les douceurs
    Dans nos projets la crainte ;
Le néant au sein des grandeurs,
    Dans les travaux la plainte.
Ah ! bonheur désiré de tous,
Bonheur tranquille, où fuyez-vous ?

4. Vous êtes d'un Dieu créateur
    Et l'essence & l'ouvrage,
Habiteriez-vous dans un cœur
    Criminel & volage ?
Bonheur, enfant du pur amour,
La terre n'est point ton séjour.

5. Que cet amour porte mes vœux
    Sur son aile rapide,

Au trône entouré de ses feux,
    Où le repos réside.
Grand Dieu ! quel être dois-je aimer,
    Que l'Être qui m'a su former ?
    6. Nos jours sont courts & douloureux,
Ce n'est qu'une ombre vaine,
Notre gloire passe comme eux,
    Et l'oubli nous entraîne ;
Mais le tendre amour de ta loi
Nous rend éternels comme toi.

En l'honneur du Saint Nom de Marie.

Sur l'Air : De tout un peu.

1. DAns nos concerts,
Bénissons le Nom de Marie,
    Dans nos concerts,
Consacrons-lui nos chants divers ;
Que tout l'annonce & le publie,
Et que jamais on ne l'oublie,
    Dans nos concerts.
2. Qu'un Nom si doux
Est consolant, qu'il est aimable ;
    Qu'un Nom si doux
Doit avoir de charmes pour nous !
Après Jésus, Nom adorable,
Fut-il rien de plus délectable
    Qu'un Nom si doux.
    3. Ce Nom sacré
Est digne de tout notre hommage,
    Ce Nom sacré
Doit être par-tout honoré ;
Qu'il puisse toujours, d'âge en âge,
Etre révéré davantage,
    Ce Nom sacré.
    4. Nom glorieux,
Que tout respecte ta puissance,
    Nom glorieux,
Et sur la Terre & dans les Cieux !

H 3

De Dieu tu calmes la vengeance,
Tu nous assures sa clémence,
   Nom glorieux.
  5. Par ton secours,
L'ame à son Dieu toujours fidelle,
  Par ton secours,
Dans la vertu coule ses jours ;
Sa ferveur, son amour, son zele,
Se nourrit & se renouvelle,
  Par ton secours.

Sur l'inconstance des choses humaines.

Sur l'Air : J'aime rarement.

1. SOus le Firmament * Tout n'est que changement,
    Tout passe ;
Et quoi que l'homme fasse, * Ses jours rapidement
Coulent comme un torrent, * Tout passe.

2. Pensez-y, mortel, * Dieu seul est éternel,
    Tout passe.
Livrons-nous, à la grace, * Le temps est précieux,
Puisque devant nos yeux * Tout passe.

3. Les charges & les rangs, * Les petits & les grands,
    Tout passe.
D'autres prennent leur place, * Et dans ce bas séjour
Ils s'en vont tour à tour : * Tout passe.

4. Comme le vaisseau * Qu'on voit flotter sur l'eau,
    Tout passe,
Il n'en est plus de trace ; * Ainsi vont les honneurs,
Les biens & les grandeurs : * Tout pass-.

5. Jeunesse & beauté, * Vigueur, force & santé,
    Tout passe.
Tout flétrit, tout s'efface. * Comme la fleur des champs,
Tout suit le cours du temps, * Tout passe.

6. Mais pour le pécheur, * Ici, pour son malheur,
    Tout passe,
Et tout change de face * Dans le dernier moment ;
Excepté le tourment, * Tout passe.

7. Heureux le vivant, * Qui va toujours pensant,
    Tout passe.

Rien n'eft plus efficace , * Contre la paffion
Que la réflexion : * Tout paffe.

En l'honneur de la Sainte Croix. Sur l'Air : *

1. ACcourez, ô troupe fidelle !
Sur ce bois fixez vos regards :
De votre Roi, qui vous appelle ,
Reconnoiffez les Etendards.
Animé d'une fainte audace ,
De l'Enfer méprifez les coups ;
De ce figne fuivez la trace ,
Et le Ciel combattra pour vous.

2. Autrefois d'un cruel fupplice ,
Ce bois fut l'inftrument honteux ;
Aujourd'hui , par plus de juftice ,
C'eft un ornement glorieux :
Il brille fur le diadême ,
Qui ceint le front de nos Céfars ,
De fa main la victoire même ,
La grave fur nos étendards.

3. Rien ne réfifte à la puiffance
De ce figne victorieux ,
Tout doit trembler en fa préfence ,
Et fur la terre, & dans les Cieux.
Les Anges , couverts de leurs ailes ,
Devant la Croix font profternés ;
De Satan les Enfants rebelles
A fon afpect font étonnés.

4. Au dernier jour , ce jour terrible ,
Où Dieu jugera les mortels ,
De la Croix le figne vifible
Sera l'effroi des criminels :
Alors , tracé fur un nuage ,
Etincelant de mille éclairs ,
A lui rendre un fincere hommage
Il forcera tout l'Univers.

5. Heureux qui , pendant cette vie ,
Saura la fuivre ou la porter ;
De l'Enfer , malgré fa furie ,

Il n'aura rien à redouter.
Pour récompenfer leur conftance,
Et leurs combats, & leurs exploits,
Une gloire éternelle, immenfe,
Les accablera de fon poids.

6. Aimable Croix, douce efpérance,
Unique objet de mes amours,
Soyez ma force & ma défenfe,
En l'extrêmité de mes jours.
Puiffe alors ma main défaillante
Vous marquer mes ardents défirs,
Et fur vous ma bouche mourante
Exhaler fes derniers foupirs.

Pour une retraite.

Priere pour invoquer le Saint-Efprit.

Sur l'Air : *De la mufette d'Ajax.*

1. Efprit-Saint, comblez nos vœux,
Embrafez nos ames
Des plus vives flammes ;
Efprit-Saint, comblez nos vœux,
Embrafez nos ames
De vos plus doux feux.   *fin.*
Seul auteur de tous les dons,
De vous feul nous attendons
Tout notre fecours,
Dans ces faints jours.   Efprit, &c.
Sans vous, en vain du don des Cieux
Les rayons précieux
Brillent à nos yeux ;
Sans vous notre cœur
N'eft que froideur.   Efprit, &c.

2. Efprit-Saint, &c.
Voyez notre aveuglement,
Nos maux, notre égarement ;
Rendez-nous à vous,
Et changez-nous.   Efprit, &c.
Sur nos efprits, Dieu de bonté,

Répandez la clarté,
Et la vérité :
Préparez nos cœurs
A vos faveurs.　　Efprit, &c.
　　3. Efprit-Saint, &c.
Donnez-nous ces purs défirs,
Ces pleurs faints, ces vrais foupirs,
Qui des grands pécheurs
Changent les cœurs.　　Efprit, &c.
Donnez-nous la docilité,
Le don de pureté,
Et de piété,
L'Efprit de candeur,
Et de douceur.　　Efprit, &c.
　　4. Efprit-Saint, &c.
Étouffez notre tiédeur
Réchauffez notre ferveur,
Raffurez-nos pas
Dans-nos combats.　　Efprit, &c.
Sanctifiez nos jours naiffants,
Et nos jours floriffants,
Et nos derniers ans :
Que tous nos inftants
Soient innocents.　　Efprit, &c.

Dialogue entre deux jeunes Bergers, touchant la converfion.

Titire.

1. IL eft temps, cher Timandre,
　Ah ! c'eft trop combattu !
Il faut, fans plus attendre,
Embraffer la vertu ;
Quel eft, dès nôtre enfance,
L'état où nous vivons !
Plus la raifon s'avance
Et moins nous la fuivons.

Timandre.

2. Jeune & charmant Titire,

Qu'eſt-ce donc que j'entends ?
Songeons, ſongeons à rire,
Pendant nos jeunes ans :
Cette auſtere ſageſſe,
Que tu veux embraſſer,
N'eſt pas pour la jeuneſſe;
Ceſſe donc d'y penſer.

Titire.

3. Faut - il que l'on raviſſe
La jeuneſſe au Seigneur,
Et qu'on la donne au vice ?
Timandre quelle erreur !
La ſageſſe à notre âge
Seroit-elle un défaut ?
Peut-on être trop ſage ?
Peut-on l'être trop tôt?

Timandre.

4. Dans un âge auſſi tendre,
Renoncer aux plaiſirs,
Et vouloir entreprendre
De régler nos déſirs ;
Il paroit bien pénible,
O ! mon cher compagnon !
Eſt - il même poſſible,
O ! Titire ! Non, non.

Titire.

5. Les plaiſirs que l'on goûte,
Pendant les jeunes ans,
Ah ! tu le ſais, ſans doute,
Ne ſont que pour les ſens !
Ils laiſſent le cœur vuide ;
Tu l'as bien éprouvé :
Dis-moi, quoi de ſolide
As-tu jamais trouvé ?

Timandre.

6. La jeuneſſe brutale,
Sans ſuivre la raiſon,

Avec plaifir avale
Le plus mortel poifon.
Ma propre expérience
Ne m'a que trop appris
Qu'on court, depuis l'enfance,
Après tout ce qui nuit.

Titire.

7. Hélas ! pour l'ordinaire,
Nos vains plaifirs font tels,
Que, fans nous fatisfaire,
Ils font pourtant mortels.
Pour moi, dès ce jour même,
Je veux m'en détacher,
Et parce que je t'aime
Je veux t'en arracher.

Timandre.

8. Titire, qu'on s'engage
Dans la dévotion,
A la fleur de fon âge,
C'eft une illufion :
Cherche, fi tu l'embraffes,
Qui marche fur tes pas,
Et qui fuive tes traces,
Pour moi ne m'attends pas.

Titire.

9. Quoi le Seigneur m'éclaire
D'un célefte regard ;
De ce don falutaire
Je veux te faire part !
Pour cela, cher Timandre,
Tu veux rompre avec moi ;
Tu ne veux pas m'entendre !
Reviens, reviens à toi.

Timandre.

10. Mon aimable Titire,
Te voilà bien preffant ;
Je ne faurois te dire

Ce que mon cœur reſſent :
Ton exemple m'entraîne,
Mon cœur en eſt touché ;
Je ſens briſer la chaîne
Dont il eſt attaché.

Titire.

11. Par ce nouveau langage
Que tu me réjouis!
Cher Timandre, courage,
Soyons toujours unis :
Nous l'étions dans le vice,
Soyons-le pour le bien :
Que le Seigneur rempliſſe
Et ton cœur & le mien.

Timandre.

12. Mais quelles railleries
Feront nos compagnons,
Sur ce genre de vie,
Si nous l'entreprenons !
Tu ſais qu'en la jeuneſſe
On voit avec horreur
Quiconque alors s'empreſſe
A ſervir le Seigneur.

Titire.

13. Quoi ! pour ne pas déplaire
Aux méchants, réponds-moi ;
T'abſtiendras-tu de faire
Ce que Dieu veut de toi ?
Ah ! plutôt ſois bien aiſe
D'être mal auprès d'eux :
Pourvu qu'à Dieu l'on plaiſe
N'eſt-on pas trop heureux !

Timandre.

14. Ah ! que j'aime à t'entendre,
Que ton zele me plaît :
Je veux enfin me rendre,
Cher ami, c'en eſt fait.

Servons

Servons Dieu, cher Titire,
Commençons aujourd'hui ;
Et quoi qu'on puisse dire,
Consacrons-nous à lui.

Titire.

15. Si tu m'en crois, Timandre,
Après cette faveur,
Ne tardons pas de rendre
Nos graces au Seigneur.
Timandre, hélas ! je le désire ;
Plus que toi je le dois :
Pour le faire, ô Titire !
Unissons donc nos voix.

Titire & Timandre.

16. Graces vous soient rendues,
Seigneur, à tout jamais ;
Elles vous sont bien dues,
Après tant de bienfaits.
Soyez béni sans cesse,
Dieu plein d'amour pour nous,
Qui dans notre jeunesse,
Nous attirez à vous.

17. Seigneur, pour reconnoître
Vos graces & vos dons,
Comme à notre seul Maître,
A vous nous nous donnons ;
Et sans aucun partage,
Après tant de faveurs,
Jusques au dernier âge
Nous vous offrons nos cœurs.

Timandre.

18. Quelle joie, cher Titire,
S'empare de mes sens !
Non, je ne puis te dire
Tout ce que je ressens :
Les plus pures délices,

I

Me raviſſent le cœur,
Les plus grands ſacrifices
N'ont pour moi que douceur.

Sur l'amour de la retraite.

Sur l'Air: *Quel plaiſir charmant*, ou *Dans ce doux ſéjour.*

1. **P**Laiſirs inouis, * Paix la plus parfaite,
Ce ſont-là tes fruits, * Charmante retraite.
Monde, je romps tes liens * Pour goûter un ſi grand bien.

2. C'eſt dans ce ſaint lieu * Que le Ciel m'appelle;
Pour plaire à mon Dieu, * J'y cours avec zele:
C'eſt-là que mon Rédempteur
Veut s'aſſurer de mon cœur.

3. Quel ardent amour * Vous fîtes paroître
Pour ce beau ſéjour, * Saint & divin Maître!
Le déſert fit vos plaiſirs,
Et remplit tous vos déſirs.

4. Tous les bienheureux * L'ont aimé de même,
J'en ferai, comme eux, * Mon bonheur ſuprême.
Si l'on ne veut plus pécher,
Comme eux, il faut ſe cacher.

5. Mes beſoins, mes maux, * Me diſent ſans ceſſe:
Va dans le repos * Chercher la ſageſſe:
C'eſt dans le recueillement * Qu'on la trouve ſûrement.

6. Précieux ſéjour, * Aimable retraite,
Ici chaque jour, * Sans être diſtraite,
Mon ame dans ſon Sauveur
Touvera tout ſon bonheur.

Les avantages de la ſolitude. Sur l'Air : * *

1. **T**Out me confond dans ce préſent aſyle,
Et chaque objet irrite ma douleur.
Jamais, Seigneur, un mortel n'eſt tranquille,
Si vous n'avez l'empire de ſon cœur.

2. Tout ſuit ici le cours de la nature,
Tout obéit à votre aimable voix;
Je ſuis, hélas! la ſeule créature
Qui ne ſuit point vos adorables loix.

3. Le clair ruisseau dont l'onde coule & passe,
Suit le chemin que le Ciel a tracé ;
Mais le chemin que votre loi nous trace,
De notre cœur est bientôt effacé.

4. Tendres oiseaux, par votre doux ramage
Vous bénissez le Dieu qui vous a faits ;
Et moi, qui suis, comme vous, son ouvrage,
Ai-je jamais célébré ses bienfaits ?

5. Dès les beaux jours de ma plus tendre enfance
Je fus, Zéphirs, inconstant comme vous ;
Et si mon cœur se piqua de constance,
Ne fut-ce pas pour braver son courroux.

6. Astres brillants, en éclairant la terre,
Vous annoncez sa gloire & sa splendeur ;
Et moi, malgré la foudre & le tonnerre,
Par mes mépris j'insulte sa grandeur.

7. Pourquoi, Seigneur, de vos faveurs insignes ?
Accablez-vous, les mortels ici-bas
De vos faveurs les mortels sont indignes,
Vos plus grands soins font de plus grands ingrats.

8. Quel vif éclat vient éblouir mon ame !
Quel feu secret vient amolir mon cœur !
Vous me percez, grand Dieu ! d'un trait de flamme :
Je cede enfin, j'adore mon vainqueur.

9. Je le fuyois & sa voix me rappelle :
Ce Dieu d'amour m'a suivi pas à pas.
Pour conquérir le cœur d'un infidele,
Falloit-il donc livrer tant de combats ?

10. Plaisirs trompeurs, que vous causez d'alarmes,
Que vous coûtez de pleurs & de soupirs !
Mon foible cœur détrompé de vos charmes,
Ne veut former que d'innocents désirs.

11. Chers confidents des secrets de mon ame,
Rochers affreux, & vous, sombres forêts,
Vous que je fis les témoins de ma flamme,
Vous le serez de mes justes regrets.

12. Fidele écho, je t'interromps encore ;
Mais ce n'est plus pour de folles amours :
Redis cent fois que le Dieu que j'adore
Mérite seul qu'on l'adore toujours.

I 2

Aspiration avant, pendant & après la Communion.

Sur l'Air : *On dit par-tout que je cherche.*

1. MOn bien-aimé ne paroît pas encore,
Trop longüe nuit dureras-tu toujours ?
Tardive aurore , * Hâte ton cours,
Rends-moi Jesus, ma joie, & mes amours,
Mon doux Jesus, que seul j'aime & j'implore.

2. De son flambeau déja les étincelles,
Astres du jour, raniment mes désirs ;
Tu renouvelles * Tous mes soupirs :
Servez mes vœux, avancez mes plaisirs,
Anges du Ciel, portez-moi sur vos ailes.

3. Je t'apperçois, asyle redoutable,
Où l'Eternel descend de sa grandeur,
Temple adorable * Du Rédempteur,
Si dans tes murs il voile sa splendeur,
Ce Dieu d'amour n'en est que plus aimable.

4. Sans nul éclat le vrai Dieu va paroître :
De cet Autel il vient s'unir à moi,
Est-ce mon Maître ? * Est-ce mon Roi ?
Laissez, mes yeux, laissez agir ma foi,
Un œil Chrétien ne peut le méconnoître.

5. Du Roi des Rois, je suis le Tabernacle !
Oui, de mon ame un Dieu devient l'Epoux !
Charmant spectacle, * Espoir trop doux :
Rendez, grand Dieu ! mon cœur digne de vous,
Votre amour seul peut faire ce miracle.

6. Je m'attendris, sans troubles & sans alarmes :
Amour divin, je ressens vos langueurs.
Heureuses larmes, * Aimables pleurs,
Ah ! que mon cœur y trouve de douceurs !
Tous vos plaisirs, mondains, ont-ils ces charmes ?

7. Triste penchant, funeste fruit du crime,
C'est vous qu'il veut que j'immole à son choix,
Ce Dieu m'anime, * Suivons ses loix.
Parlez, Seigneur, j'écoute votre voix :
Mon cœur est prêt, nommez-lui la victime.

8. Ce pain des forts soutiendra mon courage :

Venez, Démons, de mon bonheur jaloux,
Que votre rage * Vous arme tous:
Je ne crains point vos plus terribles coups:
De ma victoire un Dieu devient le gage.

9. Il me remplit d'une douce espérance,
Qui me suivra plus loin que le trépas.
Si sa puissance * Soutient mon bras,
C'est peu pour lui qu'il m'aide en mes combats:
Il veut encore être ma récompense.

10. Pour un pécheur, que sa tendresse est grande!
Qu'elle mérite un généreux retour!
Mais quelle offrande * Pour tant d'amour!
Prenez mon cœur, ô mon Dieu! dans ce jour
C'est le seul don que votre cœur demande.

Invitation aux Enfants qui doivent communier.

Sur l'Air : *Dans une Etable.*

1. TRoupe innocente
D'Enfants chéris des Cieux,
Dieu vous présente
Son festin précieux!
Il veut, ce doux Sauveur,
Entrer dans votre cœur:
Dans cette heureuse attente
Soyez pleins de ferveur.
Troupe innocente.

Acte de Foi & d'Adoration.

2. Mon divin Maître,
Par quel amour, comment
Daignez-vous être
Dans votre Sacrement!
Vous-y venez pour moi;
Plein d'une vive foi,
J'y viens vous reconnoître
Pour mon Sauveur, mon Roi,
Mon divin Maître!

Acte d'Humilité.

3. Dieu de puissance,
Je ne suis qu'un pécheur:

Votre préfence
Me remplit de frayeur ;
Mais pour voir effacés
Tous mes péchés paffés,
Un feul trait de clémence,
Un mot feul eft affez,
Dieu de puiffance.

Acte de Contrition.

4. Mon tendre Pere,
Acceptez les regrets
D'un cœur fincere,
Honteux de fes excès :
Vous m'en verrez gémir
Jufqu'au dernier foupir.
Avant de vous déplaire,
Puiffé-je ici mourir,
Mon tendre Pere.

Acte d'Amour.

5. Plus je vous aime,
Plus je veux vous aimer :
O bien fuprême,
Qui feul peut me charmer !
Mais, ô Dieu plein d'attraits !
Quand avec vos bienfaits
Vous vous donnez vous-même,
Plus en vous je me plais,
Plus je vous aime.

Acte de Défir.

6. Que je défire
De ne m'unir qu'à vous :
Que je foupire !
Après un bien fi doux !
O quand pourra mon cœur
Goûter tout le bonheur
D'être fous votre empire !
Hâtez-moi la faveur
Que je défire.

✱

En l'honneur du Très-Saint Sacrement.
Sur un air connu.

1. O Victime d'amour,
Esclave volontaire,
Vous êtes nuit & jour
Caché dans ce Mystere :
Venez, ô mon Jesus ! & consumez nos ames,
Par l'ardeur de vos feux & de vos flammes.

2. Il est vrai j'ai péché ;
Mais je vous le confesse,
Je sens mon cœur touché,
Et votre amour me blesse.
Venez, ô mon Jesus ! &c.

3. O Très-Saint Sacrement,
Le bonheur de ma vie,
Vous manger dignement,
C'est toute mon envie.
Venez, ô mon Jesus ! &c.

4. Trop aimable vainqueur,
Voici votre conquête :
Je vous livre mon cœur,
Je m'en fais une fête.
Venez, ô mon Jesus ! &c.

5. Que ce cœur nuit & jour,
Cent & cent fois soupire :
Pour Jesus, mon amour,
Qu'il ne cesse de dire :
Venez, ô mon Jesus ! &c.

6. En vain, monde trompeur,
Tu cherches à me séduire ;
Tu n'auras pas mon cœur
Jamais sous ton empire.
Venez, ô mon Jesus ! &c.

A l'honneur de la Très-Sainte Vierge.

Sur l'Air : Ce que je dis est la vérité même.

1. R Eine des Cieux, de notre tendre hommage
Nous vous offrons le foible encens :
Que votre Nom soit chanté d'âge en âge,

Qu'il foit toujours l'objet de nos accents.

 Si le Ciel l'admire en filence,
Comment ofer célébrer fa grandeur ?
Gémiffons fur notre impuiffance,
Et ne fuivons que notre cœur.

  Reine, &c.

 2. De l'homme, hélas ! le crime eft le partage:
Il naît coupable & corrompu ;
Dieu le fauva de ce trifte naufrage,
Rien n'altéra l'éclat de fa vertu.

 Tel le lys eft dans nos prairies,
Rien ne ternit fa brillante couleur :
Entouré de tiges flétries,
Il ne perd point de fa blancheur.

  De l'homme, &c.

 3. L'appas trompeur & féduifant des vices,
Ne pervertit jamais fon cœur ;
Plaire à fon Dieu fit toujours fes délices,
Vivre pour lui, fit toujours fon bonheur.

 Son aimable & pure innocence,
Et fes vertus, vont recevoir le prix :
Le jour vient, le moment s'avance,
Le Fils de Dieu devient fon Fils.

  L'appas, &c.

 4. O Vierge fainte, augufte Protectrice,
Que votre amour veille fur nous ;
D'un Dieu févere appaifez la juftice,
Et fufpendez l'effet de fon courroux.

 Infenfible à notre trifteffe,
Si des mortels vous dédaignez les vœux,
Rappellez à votre tendreffe
Que votre Fils mourut pour eux.

  O Vierge, &c.

 5. Soutenez-nous au milieu des alarmes,
Sécourez-nous dans nos malheurs ;
Vous plairiez-vous à voir couler nos larmes ?
Vous êtes Mere, & nous verfons des pleurs.

 Ah ! fongez que notre mifere
Devint pour vous la fource des grandeurs !
D'un Sauveur feriez-vous la Mere,

Si nous n'euſſions été pécheurs?
Soutenez-nous, &c.

Les avantages de la ferveur.

Sur l'Air : *L'aurore vient de naître.*

1. GOûtez, ames ferventes,
   Goûtez votre bonheur;
Mais demeurez conſtantes
Dans votre ſainte ardeur.
Heureux le cœur fidèle
Où regne la ferveur !
On poſſede avec elle
Tous les dons du Seigneur. Tous les, &c.

2. Elle eſt pour qui ſeconde
Ses généreux efforts,
Une ſource féconde
De céleſtes tréſors. Heureux, &c.

3. Une larme ſincere,
Un ſeul ſoupir du cœur,
Par elle a de quoi plaire
Aux yeux purs du Seigneur. Heureux, &c.

4. C'eſt elle qui prépare
Tous ces traits de beauté
Dont la main de Dieu pare
Les Saints dans ſa clarté. Heureux, &c.

5. Sous ſes heureux auſpices
On goûte les bienfaits,
Les charmes, les délices
De la plus douce paix. Heureux, &c.

6. Mais ſans ſa vive flamme
Tout déplaît, tout languit;
Et la beauté de l'ame
Se fane & dépérit :
Heureux le cœur fidele
Où regne la ferveur ;
On n'a part qu'avec elle
Aux ſaints dons du Seigneur. Aux, &c.

Les avantages de la vertu.

Sur l'Air : *Thémire eſt belle* , ou *Que ne ſuis-je la Fougere* , en répétant deux vers.

1. Quand on vit dans l'innocence ,
Quel bonheur a plus d'attraits ?
Sentir dans ſa conſcience
Régner le calme & la paix :
C'eſt avoir la jouiſſance
Des vrais biens , des biens parfaits.

2. Regarder ſans jalouſie
Les grands au-deſſus de nous ;
Aider avec modeſtie
Ceux que Dieu met au-deſſous :
C'eſt-là l'état de la vie
Le plus ſûr & le plus doux.

3. Par l'envie ou l'avarice ,
Un cœur qui ſe ſent ému,
Dans un éternèl ſupplice
Vit troublé , vit combattu ,
Et nous prouve que le vice
Coûte plus que la vertu,

4. Etre content du partage
Que le Ciel fit entre nous ,
N'en faire qu'un ſaint uſage ,
N'eſt-ce pas un ſort bien doux ?
Par-tout l'homme le plus ſage
Fut le plus heureux de tous.

Actes principaux de la Religion.

Sur l'Air : *De tout un peu, &c.*

Acte Foi.

1. Oui , je le crois ,
Ce que l'Egliſe nous annonce ;
Oui, je le crois ,
Seigneur , & j'honore ſes loix.
Toutes les fois qu'elle prononce ,

Par elle l'Esprit-Saint s'énonce:
Oui je le crois, &c.

Acte d'Espérance.

2. J'espere en vous,
Dieu de bonté, Dieu de clémence;
J'espere en vous,
Tout autre espoir ne m'est point doux:
Vous seul comblez mon espérance,
Vous seul serez ma récompense;
J'espere en vous, &c.

Acte de Charité.

3. O Dieu Sauveur!
Vous êtes le seul bien suprême;
O Dieu Sauveur!
A vous seul je donne mon cœur;
Et pour l'amour de vous seul j'aime
Mon prochain autant que moi-même,
O Dieu Sauveur! &c.

Petits Cantiques.

Triomphe de Jesus-Christ dans l'ame qu'il a nourrie de sa chair précieuse.

Sur un Air de trompette.

JEsus paroît en vainqueur,
Sa bonté, sa douceur
Est égale à sa grandeur:
Jesus paroît en vainqueur,
Aujourd'hui, * Donnons-lui
Notre cœur.
Malgré nos forfaits,
Ses divins bienfaits,
Ses charmants attraits
Ne nous parlent que de paix.
Pleurons nos forfaits,
Chantons ses bienfaits,
Rendons-nous à ses charmants attraits.

Priere au Saint Ange Gardien.

Sur l'Air : *De tout un peu, &c.*

1. ANge de Dieu,
Miniſtre de ſa providence,
Ange de Dieu,
Qui daignez me ſuivre en tout lieu,
A l'ombre de votre préſence,
Garantiſſez mon innocence,
Ange de Dieu.
2. Dans cet exil
Soyez ſenſible à ma miſere,
Dans cet exil
Sauvez mes jours de tout péril :
Soyez ma force & ma lumiere,
Mon maître, mon ami, mon Pere,
Dans cet exil.

Priere au Saint Patron. Sur l'Air : *

VOus qui, depuis ma tendre enfance,
Daignez être mon Protecteur,
O grand Saint ! que votre innocence
A jamais regne dans mon cœur.
Faites qu'à Dieu toujours fidele,
A l'ombre de votre ſaint Nom,
Je vous prenne autant pour modéle,
Que je vous aime pour Patron.

Le déſir de l'amour divin.

Sur l'Air : *Non, quand l'amour chercheroit, &c.*

1. CEleſte amour, de biens ſource immortelle,
Viens m'animer, * Viens me charmer,
De tes traits viens m'enflammer.
Non, il n'eſt point pour une ame fidelle
De pure douceur, ni de vrai bonheur,

Sans

Sans ton ardeur.
Heureux le cœur
Qui brûle de ton zele !
Le mien déformais   Se rend à jamais,
Le mien déformais   Se rend à jamais,
A tes attraits,   A tes attraits. Célefte amour, &c.
2. Le bonheur que le monde admire   Et défire,
N'eft rien pour moi.
Je le détefle,   Ce bien funefte,
Et ne veux d'autre bien que toi.
Ton feu divin peut feul me plaire. Ton, &c.
Seul il peut faire mon fort heureux. Seul, &c.
Il eft feul l'objet de mes vœux,
Il eft feul l'objet de mes vœux. Célefte, &c.

Les douceurs du joug du Seigneur.

Sur l'Air : *Tout me dit que Lindor eft charmant.*

1. O Qu'il eft doux le joug du Seigneur !
Qu'il a de charmes,   Et qu'un cœur,
Qui fous lui fe range,   Goûte de bonheur !
S'il offre à nos yeux quelque rigueur,
Quand on le porte avec ferveur,
Sa rigueur fe change,
Se répand en fource de douceur.
2. La tranquille innocence,
La vive confiance,
Le calme de la paix,
Sont de fes bienfaits
Le célefte gage.   Loin de lui les pleurs,
Les fombres frayeurs,   Les maux des pécheurs,
Sous lui, de nos Croix,   Difparoît le poids ;
Heureux qui l'a pour partage. O qu'il, &c.

Réfolution de donner fon cœur à Dieu pour jamais

Sur l'Air : *Ce que je dis eft la vérité même.*

NOn, non, non, non l'inconftance volage,
Ne pourra plus rien fur mon cœur ;
Jufqu'au dernier des inftants de mon âge

K

Je veux qu'il soit sans partage au Seigneur. *Fin.*
Jusqu'ici ce cœur trop coupable,
Vers mille objets a porté ses désirs ;
Il est temps que le seul aimable
Ait pour lui seul tous mes soupirs, Non, &c.

Mon Dieu, mon tout.

Sur l'Air : *Quand on aime bien, &c.*

O Mon doux Jésus !
Vers vous je soupire,
A vous tout m'attire ;
Mon cœur vous désire ;
Vous seul & rien plus.
Votre amour rassemble,
Lui seul tout l'ensemble
Des biens divers :
Et d'un trait de sa flamme
Il vaut plus à l'ame
Que tout l'univers.
D'un trait de sa flamme
Il vaut plus à l'ame
Que tout l'univers. Il vaut plus, &c.

Actions de graces.

Sur l'Air : *D'un rondeau nouveau.*

1. Bénissons à jamais
Le Dieu qui nous éclaire,
Bénissons à jamais
Ses Loix & ses bienfaits. *Fin.*
2. Sa grace salutaire
Dissipe nos erreurs,
Et comble de ses faveurs
Nos esprits & nos cœurs. Bénissons, &c.
3. Un Dieu qui nous aime
De cet amour extrême :
Un Dieu qui nous aime
A droit à notre amour. Bénissons, &c.

4. Gardons ſa Loi ſainte,
Sans lui donner la moindre atteinte;
Gardons ſa Loi ſainte,
Aimons-le, aimons-le à notre tour. Béniſſons, &c.

Priere pour le Roi & ſon Peuple.

Sur l'Air : *Béniſſez le Seigneur, &c.*

1. SEigneur, ſauvez notre Monarque,
Conſervez ſes jours précieux;
Que tous ſes projets glorieux,
Du Ciel portent la marque.
   2. Qu'en lui tous reſpectent l'empreinte
De votre auguſte Majeſté;
Que conſacrés à l'équité,
Ses jours coulent ſans crainte.
   3. Que ſon peuple, votre héritage,
Vous béniſſe, Dieu de bonté!
Que la paix & la vérité
Soient ſon heureux partage.

Sur l'amour de N. S. J. C.

Sur l'Air : *Que le Soleil dans la plaine.*

1. QUe Jeſus eſt un bon Maître,
Et qu'il eſt doux de l'aimer!
Bienheureux qui ſait connoître
Combien il peut nous charmer!
   2. Divin Sauveur,
   Beauté ſuprême:
   Oui, je vous aime,
   Divin Sauveur,
   Je vous aime   *bis.*
   De tout mon cœur.   *bis.*
   3. Mettons-nous ſous ſon empire,
Soyons à lui pour jamais;
Et que notre ame n'aſpire
Qu'à goûter ſes ſaints attraits.
   Divin Sauveur, &c.

K 2

TABLE
ALPHABÉTIQUE
DES CANTIQUES.

(Pour tous les jours de la semaine depuis la page 3
jusqu'à la page 5.)

Fin de la Table.

J'Ai lu, par ordre de Monseigneur le Garde des Sceaux, un Manuscrit qui a pour titre *Recueil de Cantiques Spirituels*, à l'usage des *Ecoles Chrétiennes*. Ces Cantiques m'ont paru propres non-seulement à apprendre la Religion aux Enfants, mais de plus, à la leur faire aimer & pratiquer. A Paris ce 16 d'Octobre 1788.

Signé DE MONTIS, *Docteur en Théologie.*

PRIVILEGE DU ROI.

LOUIS, par la grace de Dieu, Roi de France & de Navarre : A nos amés & féaux Conseillers les Gens tenants nos Cours de Parlement, Maîtres des Requêtes ordinaires de notre Hôtel, Grand-Conseil, Prévôt de Paris, Baillis, Sénéchaux, leurs Lieutenants Civils, & autres nos Justiciers qu'il appartiendra, SALUT. Nos amés les Freres des Ecoles Chrétiennes nous ont fait exposer qu'ils désireroient faire imprimer & donner au Public, *un Recueil de Cantiques Spirituels, spécialement choisis pour l'usage des Ecoles Chrétiennes, & un nouveau Syllabaire François, aussi à l'usage des Ecoles Chrétiennes,* s'il Nous plaisoit leur accorder nos Lettres de permission pour ce nécessaires. A CES CAUSES, voulant favorablement traiter les Exposants, Nous leur avons permis & permettons, par ces Présentes, de faire imprimer ledit Ouvrage autant de fois que bon leur semblera, & de le faire vendre

& débiter par-tout notre Royaume, pendant le temps de cinq années consécutives, à compter du jour de la date des Présentes. Faisons défenses à tous Imprimeurs, Libraires & autres personnes, de quelque qualité & condition qu'elles soient, d'en introduire d'impression étrangère dans aucun lieu de notre obéissance; à la charge que ces Présentes seront enregistrées tout au long sur le Registre de la Communauté des Imprimeurs & Libraires de Paris, dans trois mois de la date d'icelles; que l'impression dudit Ouvrage sera faite dans notre Royaume, & non ailleurs, en bon papier & beaux caractères; que les Impétrants se conformeront en tout aux Réglements de la Librairie, & notamment à celui du 10 Avril 1725, & à l'Arrêt de notre Conseil du 30 Août 1777, à peine de déchéance de la présente Permission; qu'avant de l'exposer en vente le Manuscrit qui aura servi de copie à l'impression dudit Ouvrage sera remis, dans le même état où l'Approbation aura été donnée, ès mains de notre très-cher & féal Chevalier, Garde des Sceaux de France, le Sieur BARENTIN; qu'il en sera ensuite remis deux Exemplaires dans notre Bibliotheque publique, un dans celle de notre château du Louvre, un dans celle de notre très-cher & féal Chevalier, Chancelier de France, le Sieur DE MAUPEOU, & un dans celle dudit Sieur BARENTIN; le tout à peine de nullité des Présentes. Du contenu desquelles vous mandons & enjoignons de faire jouir lesdits Exposants & Ayants-cause, pleinement & paisiblement, sans souffrir qu'il leur soit fait aucun trouble ou empêchement; voulons qu'à la copie des Présentes, qui sera imprimée tout au long au commencement ou à la fin dudit Ouvrage, foi soit ajoutée comme à l'original. Commandons au premier notre Huissier ou Sergent, sur ce requis, de faire, pour l'exécution d'icelles, tous actes requis & nécessaires, sans demander autre permission, & nonobstant clameur de Haro, Charte Normande & Lettres à ce contraires ; CAR tel est notre plaisir. DONNÉ à Paris le vingt-neuf du mois d'Octobre, l'an de grace mil sept cent quatre-vingt-huit, & de notre Regne le quinzieme. Par le Roi en son Conseil,

Signé LE BEGUE.

Registré sur le Registre XXIV de la Chambre royale & syndicale des Libraires & Imprimeurs de Paris, nº 1832, fº 68, conformément aux dispositions énoncées dans la présente Permission, & à la charge de remettre à ladite Chambre les neuf Exemplaires prescrits par l'Arrêt du Conseil du 16 Avril 1785. A Paris le quatorze Novembre 1788.

Signé KNAPEN, *Syndic.*

Fautes à corriger dans les Cantiques.

PAGE 10, verset 3, ligne 4, tu me *procure*; lifez: *procures*.

P. 11, v. 5, lig. 2, ufons *encore*; lifez: *encor*.

P. 11, 2e cantiq., v. 3, lig. 4, *fortit du tombeau*; lifez: *de fon tombeau*.

P. 15, v. 5, lig. 3, *s'il y a*; lifez: *s'il a*.

P. 18, v. 4, lig. 4, fonder *les œurs*; lifez: *les cœurs*.

P. 21, v. 4, lig. 2, *pour* fa blancheur; lifez: *par* fa blancheur.

P. 21, v. 5, lig. 1, *que l'ineffable* honneur; lifez: *quel ineffable* honneur !

P. 25, v. 1, lig. 2, brille *en* ce faint jour; lifez: brille *dans* ce faint jour.

P. 26, v. 4, lig. 4, mis dans un berceau; lifez: dans un *vil* berceau.

P. 26, v. 5, après la lig. 5e, chantons le Roi des Cieux; *ajoutez* le vers fixieme qui a été omis: *Naiffant dans ces bas lieux.*

P. 26, 2e cantiq., v. 1, ligne 4, *réfonnent*; lifez: *raifonnent*.

P. 27, 1er cantiq., v. 3, lig. 9, *l'entendre*; lifez: *t'entendre*.

P. 29, l'intitulé du Cantique *fur l'amour de Jefus*, effacez pour fervir de préparation, &c.

P. 42, v. 3, lig. 2, conferve *encore*; lifez: *encor*.

P. 44, v. 5, lig. 3, mauvais *cours*; lifez: mauvais *tours*.

P. 47, v. 8, lig. 2, vous faites *graces*; lifez: *grace*.

P. 49, v. 6, lig. 3, il faut *encore*; lifez: *encor*.

P. 59, lig. 8, *à* Jofeph & Marie; lifez: *à* Jofeph, *à* Marie.

P. 59, v. 4, lig. 6, de *fa* colere; lifez: de *la* colere.

P. 63, v. 3, lig. 6, écartez nos ennemis; lifez: écartez *tous* nos ennemis.

P. 68, v. 3, lig. 3, *son tonnerre*; lisez : *le tonnerre*.

P. 71, v. 8, lig. 4, *vivez en moi*, lisez : *vivrez en moi*.

P. 88, v. 1, lig. 3, *des* faux *plaisirs*; lisez : *de* faux *plaisirs*.

P. 96, v. 11, lig. 5, *dans* le *vicé*; lisez : *pour* le *vice*.

P. 97, v. 15, lig. 5, Timandre, en lettres italiques *Timandre*; il n'est point du vers.

P. 100, v. 2, lig. 2, *astres* du jour, *raniment*; lisez : *astre* du jour, *ranime*.

P. 100, v. 6, lig. 1, sans *troubles*; lisez : *trouble*.

P. 100, v. 7, lig. 1, *triste penchant*, *funeste* fruit; lisez : *tristes penchants*, *malheureux* fruit.